逆轉我們的時代

消失的愛

陳文茜

本書版稅全數捐贈「財團法人公益平台文化基金會」

《消失的愛——逆轉我們的時代》

這是我二〇一九年病倒後，發願寫作的五本書籍中，最重要的書籍。當時的我已休克三次，身上裝了人工血管。

#如果人生剩下的日子不多我該做什麼？

我想到李敖大哥生前的叮嚀：「文茜，妳太浪費你的才華，不要花那麼多時間在電視，不要只寫散文或是詩。那對於妳，太簡單了。」

#妳該把妳的世界觀、歷史觀貫穿妳政治經濟學的訓練，好好寫一本大書。

於是，躺在醫院或躺在床上的日子，我的精神若尚可，即撰寫此書。

精神虛弱時，我則輕輕地寫下《晚安，我的生命》。

今年三月底，又是我的生日，這本近十萬字的書籍，討論時代的困境之書，終於出版。

我們本來以為這個時代多麼美妙，

結果它燃起的一團烈火，從古老的火山口升騰，源源不絕。

只有通過歷史，直面凶殘又冷靜的分析，才能顯現我們的時代為何如此暴烈。
每當我試圖抓住時代之手，黑暗的故事先把我的手抓住。
為了解開絕望的捆綁，我在時光的隧道中，尋找已穿越一千六百年全球化的囈語。
如今，冰冷又敵視的城市，一扇扇門窗，互相窺視，抨擊，卻在暗中仍然渴望擁抱。
街道流出的鮮血，是慾望，更是絕望。
天空不再是容器。
它已放不下我們的愛；因為它已布滿了恨的烏雲。
愛的光，一點一滴消失。

金融風暴之後世界的變化如雪崩降臨我們每一個人的頭上，人們嚇呆了，來不及思考。
眾多的口號、仇恨，一一崛起。
其中之一：反全球化！
其中之二：反移民！
其中之三：不惜戰爭！

川普的煽動力，他指控的「犯罪」對象中國，成為顯學。

但我們時代的答案不在美國當代，也不只在中國。

而是全球競爭力，正在由西向東移。美國目前主導的反全球化是對歷史東西再平衡的戰略反擊。

那句如愛情小說般的台詞：我們再也回不去了；描述的不只是一段聚散離合，而是這個已經相信自由貿易全球化約五十年的西方自由主義，已經式微。

世界變了，但改變的不只是全球化，更包括歐美不再是全球化必然的贏家。

美國為了自救，正在重構二戰後所有的世界秩序。

在變局中大國衝突捲起了千堆雪，美中衝突牽制著臺海穩定，美俄衝突推動了二〇二二年俄烏之戰，人民成為無辜的祭品。

當美國只希望看到自己的領先、拜登及川普只看到自己的支持度之際，我們應該看到什麼？

我們活在一個逆轉的時代。

這個時代，愛的信念，和平的信念，正在消失。

目次

CONTENTS

1 消失的愛：為什麼我們愈來愈仇恨？

他們說，二〇三〇年我們將逐步走向世界末日。

他們說我們的時代必須逆轉，尤其逆轉全球化。

他們說這是一個隨時可能爆發區域戰爭的年代。而臺灣是其中最危險地方之一。

他們說我們經濟的衰落，來自於外來移民。

他們說為了保護我們的國家，從人民的利益、經濟、文化、到認同，我們必須限制移民，尤其阻止非法難民。

曾經在十九世紀統領地球的英國，也是上波全球化最大主導者的核心國家，二〇二三年十二月初宣布收緊移民政策。

英國保守黨政府提高獲得英國工作簽證所需的最低工資，提高至三萬八千七百英鎊，足足比原先基本工資增長四十七%；為的是反對外來工作者，包括香港取得特殊簽證者。

英國公共衛生領域，向來欠缺足夠醫療人員，長期依賴外國移居英國的醫療人員。

近期英國護理人員已多次上街示威，他們歷經近四年的新冠病毒、以及長時工作，他們需要更多的移民幫手。但英國政府新的規定使國際醫療移民即使可以在此工作，也不能攜帶家人至英國。

關愛英格蘭協會（Care England）強調，過去移民拯救了英國衛生行業；新的措施，將把已經非常脆弱的英國醫療體系推向絕境。

但仇恨外來力量的思維，已經無法理性思考這些公共議題。全球反移民最激進的語言，來自川普。「我向你們發誓，我們將剷除共產主義者、馬克思主義者、法西斯主義者及激進左翼暴徒。這群人像害蟲一般，生活在我們的國家，靠著說謊、偷竊和作弊。」可能當選二〇二四年美國總統的川普，在二〇二三年全美退伍軍人節做出重大宣示：將來自拉丁美洲的非法移民，等同法西斯、共產黨和暴徒的總和代表。

這當然是無知的仇恨，也是可怕的煽動。把法西斯和共產黨歸在同一類，好像牛肉湯配愛玉，荒謬絕倫。但川普的仇恨語言，得到全場的掌聲。

從英國脫歐、川普再度崛起，主導社會的力量，都是來自於將英美自身的衰落，轉化為對外的仇恨。

「你不知道，當年的英國，有多麼美好。」

「能觸摸到老家綠綠的青草地，真好！家鄉的小鎮還是那個老樣子……故園舊宅依然矗立著，雖然油漆已經斑駁剝落，還有，小時候我常在那兒玩耍的那棵老橡樹，我和心愛的瑪麗散步，走下了小巷子，她金髮飄飄，唇似櫻桃，能觸摸到老家綠綠的青草地，真好！」（美國民謠 Green Green Grass of Home）

在懷念一個不可能恢復的往日情懷中，那些失落的子民，相信了人類歷史上一直相似、重複的排外民族主義。

它看似呼喊土地民族的山谷迴音，內容卻是滿滿的仇恨之怒。

美國為什麼成為世界最著名，內部分裂，幾近「內戰」，社會如此對立的國家？

答案當然不是川普。他只是仇恨或憤怒力量的代表。

那些憤怒，來自於無助及絕望。

根據美國糧食署二〇二三年十一月發布的最新報告，全美國超過四千四百萬人沒有足夠食物可供食用，其中包括了一千三百萬名兒童。

美國是全球第一大經濟體，人均ＧＤＰ排名全球第七，卻是每七人當中，就有一人面臨飢餓的大國。

美國前總統柯林頓出身的阿肯色州，是全美面臨飢餓比例最高的一州。該州食物銀行開發長表示：前來求援的民眾過去這半年大幅增加。因為通貨膨脹，美國二〇二二年家庭食品價格攀升十一・四%，而新冠病毒期間的社會補助也停止了。

這些飢餓的美國人，約占美國一千三百五十萬個家庭，比例高達十・二%。

一位名叫布魯斯的白人男子，其家族在紐約已居住近百年；他是一名良好的裁縫師傅，專門製作蝴蝶領結。

在他祖父的年代，那是一個體面的工作。但到了他這一代，他縫紉的手工可能比祖父手更巧，挑的布料也比祖父更新潮，但布魯斯的收入卻愈來愈少；他的領結比不過 Made in Vietnam 便宜又好用的產品。

終於，他快要繳不出房租，每天清晨醒來的感覺是飢餓。飢餓感催促著他在凌晨四點，站在紐約第二大道上。走出地鐵，繞到餐廳後面，等待麵包店送麵包。他想偷竊麵包，好幾次，他想衝過去，抓起一大盤。清晨的天還是暗的，他躲在角落，聞著晨風露水吹來麵包熱騰騰的香氣，他真的想從店面後面的餐廳，偷麵包。

他壓抑住自己咕嚕咕嚕的飢餓感，直到某次，忍不住，行動，他被逮了。警察問完，做了筆錄，揮揮手，叫他走路回家。因為監獄關滿了人犯，為了食物偷搶不傷及人，皆為輕罪；只留下一個紀錄。

布魯斯只是廣闊美國悲傷土地的一個小故事。一般美國人的薪水，許多家庭當下已經不夠支付電費、托兒費、上班需要的油錢，以及購買食物的費用。

美國的通貨膨脹及普遍的貧窮，沒有走到革命的危險區，但已足以鼓舞一場擄獲人心的極端運動。

而且愈來愈激烈。

川普下台的原因，不是因為他的排外、瘋狂、偏執、激進，而是他忽略了 COVID-19 帶給人民實質的痛苦及百萬人的死亡。他以中國病毒，仇恨之，病毒還在；他胡亂指揮醫療，表示奎寧有效。他自己得了 COVID-19，得到最好的照顧，但美國的醫療人員在國家沒有準備好足夠庫存的防護衣及N95口罩之下，一個一個倒下。

川普離開白宮三年後，新冠病毒、烏克蘭戰爭使物價又大漲……貧富差距更大，貧窮人口更多，飢餓的人也更多。

我們都以為一個人經過了失敗，尤其美國經歷了二〇二一年一月六日國會暴動事件，會醒過來。

但捲土重來的川普更瘋狂，他的群眾基礎更強大。

他們無法看清他們經歷的是資本主義的危機，包括雷根總統鼓勵減稅、小布希鼓勵市場貪婪及因此必然的貧富差距。他們目睹了柏林圍牆倒下，共產主義滅亡；卻未意識到資本主義也可能無以為繼。

在二〇〇八年金融風暴之後，仇恨排外侵蝕了美歐各國的民主制度。極端右派紛紛崛起，力量愈來愈強大，暴力的語言甚至行動，使曾經驕傲的民主制度，不知所措。

更少人注意，這些極右派的重災區，都是十八、十九、二十世紀的殖民大國。

過去他們透過殖民掠奪，其子民——尤其貴族——享受豐富的資源，美好的文明，華爾滋的搖擺，優雅的下午茶。但兩次世界大戰的結束，瓦解了他們「盜匪式的跨國殖民組織」。戰後，當亞洲國家開始脫離文盲，義務教育培訓下一代後，歐美也一步步失去他們的教育優勢及勞動效率。

西方人並不是最聰明的人類，他們只是近代史上因為工業革命及海事強權崛起的帝國，他們曾經征服了大半個世界，餵養不到世界二十分之一的人口。

當殖民主義結束，在二十世紀七〇年代之後，西歐的經濟開始放緩；八〇年代，美國經濟也一步步走向區域式不均衡發展，包括一九八七年儲貸危機。

相對的，那正是地球另一方，亞洲世紀的崛起。

相對的，那正是石油回到阿拉伯人手中的年代。橫行無阻的英國石油公司、美國石油公司、荷蘭石油公司……在一九七一年利比亞格達費政府成功開採石油後，西方結束了榨取阿拉伯土地下黑色油金據為己有的盛世。

此時，美國也沒有認知到是美國忽略去工業化的危險及教育制度的失敗，終而導致美國勞動效率低落。

美歐西方從不承認的事實是：如果世界是平的，美國、歐洲的勞工相對於日本、韓國、臺灣、中國、越南的勞工，都不具競爭力。

二〇二三年十一月二十二日，荷蘭國會選舉中，備受爭議的極右翼自由黨（荷蘭語：Partij voor de Vrijheid，簡稱ＰＶＶ）顛覆選前所有民調，出人意料拿下國會一百五十個席位中三十七席位，躍升為荷蘭第一大黨，終結了荷蘭史上任期最長，現任首相呂特長達十四年的聯合政府執政。

新上台的荷蘭極右翼首相現年六十歲，他的名字叫海爾特・懷爾德斯（Geert Wilders）。二〇〇六年他創立了極右翼民粹主義政黨自由黨，旗幟鮮明地反對移民、反對伊斯蘭教，還主張荷蘭脫離歐盟和歐元區，以及關閉清真寺和伊斯蘭教學校。要求拒收來自伊斯蘭國家的移民，並剝奪具有雙重國籍的荷蘭人的投票權。

但這麼瘋狂的人，卻在荷蘭贏得了三十七席，遠遠領先於工黨／綠黨聯盟的二十五席，以及即將卸任的首相呂特的保守派自由民主黨（VVD）的二十四席。

他贏的理由只有一個：優越感導致了仇恨。很多荷蘭人是仇外者，不想要「低級外國人」和穆斯林住在荷蘭。

懷爾德斯在競選期間表示：這些外來者，將改變我們的生活，製造恐怖主義，終而吞噬我們的國家。我們即將進入「末日」！

他沒有說的是：由於西方石油公司的主導，地球科學研究被擱置了半個世紀。直到現在，沙漠暴雨、夏威夷茂宜島野火燎原、冰川融解，甚至永凍層剝離，壓垮了底下的高速公路。報告顯示，我們離世界末日已經愈來愈近。

而末日更早已在英歐美剝奪巴勒斯坦人生存權的加薩，成為現在進行式。

以色列打完了北加薩，直攻南加薩。根據美國官員的訊息，以色列考慮用海水淹沒加薩走廊。以色列的淹沒戰術可以摧毀地道，將哈瑪斯武裝人員趕出地下掩蔽所，同時威脅所有加薩人的供水。

在仇恨中，以色列以國家安全為名，GPS鎖定醫院，炮彈落入醫院內。最後的電斷了，醫院內一片漆黑。那些需要氧氣的病患，張大了嘴，吸入濃煙，卻吸不到他們需要的氧氣。

加薩希法醫院被炮火攻擊當天，早已用完麻醉劑的加薩醫院，悲慘到只聽得見尖叫與醫生的祈禱。

坦克車直接開入院區猛轟炸，院區瀰漫著濃濃的煙塵，病患無助地、驚恐地躺在黑暗無盡的走廊上。希法醫院資深外科醫生莫哈拉拉提（Ahmed El Mokhallalati）說：「整個醫院像被斬首了。沒有人做手術，沒有人看病，大家都在等待終點，我們能生還嗎？我們只有一條路，死亡。」

那些放在保溫箱的早產兒，開始發抖，也哭了起來。他們剛剛誕生，世間已失去了溫度，生命剛來，卻將死去。他們來不及看到太陽、月亮、星星；他們來不及觸摸自己的爸爸、媽媽。對於世界，他們聽到的是爆炸聲，是士兵吼叫的憤怒聲。

走入醫院的以色列士兵，無視身邊正在發生的死亡，他們只專注在找敵人哈瑪斯在哪裡。他們發現了一些武器，數量不到半個箱子；一把AK－47彈匣彈藥、手榴彈、軍服，放在磁振造影掃描儀（MRI）機器旁。

指揮中心一定藏在那裡。非找出來不可。如一隻隻恐怖的動物，這些在家中可能是虔誠的猶太教徒，曾呵護花園裡奔跑的孩子，笑著珍惜一隻飛舞蝴蝶的男人們，當下只是戰爭機器，殺人的惡魔，恨的化身。

恨，復仇，使他們無視於病房六百七十五位病患的恐懼、哀號或是正在死去。

因為這些人叫「他們」，與以色列對立的「他們——巴勒斯坦人」。

哭牆，原來是因仇恨而淚流千年不止的一道牆。

在這流動的時代裡，處處有一座牆，隔起人性的善。牆的名字，可能叫國家，可能叫民族，可能叫宗教。它隔開了人，也隔卻了人性。

凡屬於他們的死亡、他們的哀傷皆與我們無關。我們的，他們的。為了我們，他們必須死。為了確保我們的工作，他們的工作必須被剝奪。為了提高我們的生活水平，他們渴望擁有的一切，都不配。

徐志摩曾在他的一首詩「起造一座牆」中說：你我千萬不可褻瀆那個字，愛牆。

但當代的我們，已經不會愛了。

我們徹底褻瀆了這個字。

我們恨，我們怨，我們以偉大的口號訴說自己的痛苦，控訴他人，我們要他人償還。

過去幾個世紀靠殖民壯大的歐洲、美國……正走在衰弱大道上。他們逆轉了。

於是恨，蔓延這些殖民大國的每個角落。

冷漠的囚徒，舉起蒼白怠倦的手，對外來者開槍。

於是「濕背人行動」，在美國再度被提起。因為美國人民深深相信，美國的非法移民，拖垮了美國的社會福利支出，拉低了當地工資，搶走了真正的、合法的美國人的工作。

川普再度提起艾森豪總統的行動，這正是當年以族裔而蔑稱的濕背人行動。美國五〇年代，一個含有種族歧視的貶義用詞，指渡河途中弄濕衣裳從德州進入美國的墨西哥非法移民。美國時任總統艾森豪以此歧視性詞彙命名一個計畫，針對美國境內百萬非法墨西哥移民圍捕並驅趕。

如果川普上台，預估每年驅逐出境人數將達數百萬人，同時為了緩解美國移民及海關執法局（ＩＣＥ）多年來拘留設施不足，川普已規劃出可以繞過國會拒絕撥款程序，透過調配美國政府軍事資金，在美墨邊境大片土地建造大型集中營式的營地，提高案件審理速度。

再也無須人權正當聽證程序，政府逕自驅逐，甚至派遣當地警察國民警衛隊。

我們聽說有一個祕密和弦，那是大衛曾演奏的，它曾令主喜悅。

但你並不真正關心頌讚主的音樂，不是嗎？你更相信走向地獄的仇恨之音。

真相是，你正走向第四個音階，再爬上第五個音階。
你帶著悲傷的小調，高喊戰爭的大調。
困惑的人們，和你們一起合唱：
哈利路亞
哈利路亞
哈利路亞
哈利路亞
哈利路亞
但頌讚的背後是仇恨，是消失的愛。

2 遠離和平：我們從來沒有這樣接近戰爭

二次大戰之後，近八十年，我們從來沒有像這一刻，如此相信戰爭。

歷史是這樣被記載的：二戰之後的冷戰，是美蘇「瘋狂」核武及太空競爭的年代。

但仔細觀察當時的「瘋狂」，已遠遠不如我們的當代。當代每一個擁核武大國，皆出現戰爭「信仰者」的領袖；俄羅斯有普丁媲美史達林；美國有小布希、歐巴馬、拜登取代當年的日本天皇，在全球掀起一波又一波長達二十年的區域戰爭；中國有習近平效法毛澤東，對臺灣磨刀霍霍。

科技——尤其人工智慧——正全面投入國防，以往奇難無比的刺殺行動變成「無人機斬首」，未來還會有無人裝甲車、街巷搏鬥的殺人機器人；飛彈防禦系統開發後，高超音速導彈在二十年後問世；戰術性核武出現，較低的輻射、進行非全面毀滅性的核武攻擊，使核子武器不再是禁忌。

當代，這些核武大國談的已經不是「聯合國」、「大國協商」、「避免戰爭」、「核武削減」；這幾個大國幾乎皆走入相信高超音速導彈、人工智慧斬首無人機、殺人機器人。新的大國博奕、新的科技，正在擠出人性酷愛戰鬥的血、相信戰爭的人性基因。我們再度回到獵人時代的本質，殺戮本身就是代表力量的展現……於是精神錯亂的「當代人」，以如人如禽獸的混亂面貌，激情地一步步躍入戰爭隧道。

相信戰爭的人，他們各自的理由都很可怕。打從內心，他們不認為自己是好戰分子、侵略者，他們手持的盾牌上寫著：戰爭等於「正義」。

普丁是「轉型正義凜然」的揮戰旗士，為那些被烏克蘭語系迫害八年的烏東俄裔人民而戰；歐巴馬是為追求中東地區的民主化而提供民兵武器介入阿拉伯內戰；拜登號稱是為了宣揚民主人權價值，注定與中國衝突競爭而準備一戰；習近平若發動臺海戰爭，則是為了維護民族尊嚴國土神聖不可分割的愛國主義而戰。

真是他媽的，還有他爸的。

這是一個謊言的時代，諾貝爾文學獎得主薩拉馬戈曾經稱小布希是一個「謊言機器人」。「他們一直在說謊……」目的是為了掠奪石油發動戰爭。但殺人機器人幾乎正複製於每一個核武大國的統治者。

二〇二二至二〇二三年起，全球主要國家，包括美國、德國、法國、日本、中國、印度，超過半世紀以來，前所未有，一致大幅提高國防預算。中國、印度增加的幅度，還算比較少的。

它宣告了一個新武器競賽的時代，一個相信震懾威嚇超過和平談判的年代。

和平，你的名字叫作「弱者」。

戰爭，你的代號是「英勇」，甚至「愛國」。

二十世紀上半葉的戰爭教訓，死亡的平民高達每一個國家人口五%，他們被國家的神聖戰爭目標擄獵，永久失去人生。

二十世紀後半葉的領導人，尚知戰爭的殘酷真相，他們小心翼翼地從廢墟中爬出來，至少在關鍵時刻，他們懂得避免一戰。

進入二十一世紀，兩次世界大戰的記憶，遙遠了。大國介入他國的軍事及政治，導致當地政府垮台，不只民主制度從未發生，人民還流離失所，為求生活成為被排擠的難民，或是喪生海底的屍首。

美國甚至完全重蹈第一次大戰的起因，為了報復九一一，直接侵占阿富汗領土，最後倉皇撤離，恭請塔利班政權班師回朝。

千禧年的和平鐘聲才不遠，地球上某些地區，尤其中東已經遍地烽火。過去幾場從中東到北非的戰爭，造成數百萬人民死亡、難民近千萬。這還不計算沉入地中海或是愛琴海底的屍體。

諷刺的是除了德國，那些介入殺戮的霸權，曾高舉為推翻獨裁、為人權而戰的美國、英國、加拿大、澳洲、法國、義大利，皆參與了戰爭，也一起拒絕了收容難民。

在全球大經濟體中，居然只有一、二次大戰的侵略國——德國，向難民伸出了援手。

這些領導人學到教訓了嗎？

非常可悲的是除了川普，幾位大國領袖似乎還嫌地球上死亡的屍體不夠，他們繼續熱衷於戰爭。

烏克蘭申請加入北約組織，這是可以輕易預見必然爆發的戰爭。但拜登沒有與梅克爾站在一起極力避免戰爭，他既未啟動外交事務人員積極與俄羅斯協商，自己也沒有試圖和普丁溝通（至少美國前眾議院議長裴洛西訪臺前，他還打電話給習近平對話數小時，避免衝突擴大）；他甚至未強力勸說烏克蘭以加入歐盟取代加入北約組織，以免跨過戰爭紅線。

他冷靜且冷血地看著這一切，頂多高叫：俄羅斯即將入侵烏克蘭。

拜登剛剛從阿富汗灰頭土臉地撤軍，他不想承擔如此懦弱的形象，他等了一輩子，他必須獲得那渴望一生的白宮主人寶座的連任。

他還有更大的野心，在他國際的戰略目標裡，拜登曾於二〇一四年以副總統角色處理烏東頓巴斯之戰。這一回，他想要利用普丁愚蠢的悲情俄羅斯民族主義，一舉擴大已近腦死（二〇一八年，法國總統馬克宏的形容詞）的北約組織；擴大美國在歐洲主導的軍事聯盟。

於是近八百萬顛沛流離難民的烏克蘭戰爭，在我們的時代活生生上演了，烏克蘭一半國土幾乎成為廢墟，但這是「完成」拜登北約新戰略新藍圖必須附帶的代價。

俄羅斯入侵烏克蘭之後，希望斡旋避戰的梅克爾得到的批評聲浪不斷；而相信戰爭的拜登得到的敬意與掌聲，遠高於梅克爾。

冷戰後三十年，半個甲子的歲月裡，無論霸權如何更迭，世局如何變換，皆無法說服芬蘭、瑞典等北歐國家，加入北約組織。德國等國家也一直不願意將國防預算增至二%。

二〇二二年的二月底，一場國境之南的歐洲戰事，眨眼間改變了一切。

芬蘭朝野，以最快的速度遞出申請書加入北約，不到一年後，創下史上最快速的加盟紀錄。一夕間美國為首的西方軍事組織北約與俄羅斯的接壤邊界，拉長了一倍以上。成為俄烏之戰，新冷戰東西陣營角力歷程中，關鍵的分水嶺之一。這是美國戰略圍堵俄羅斯的重大勝利。

美國在「他人的戰爭」中，獲益的不只是聯盟擴大，還有實質的鈔票。

烏克蘭戰爭中，美國的頁岩油氣大量販售德國、歐洲，取代了俄羅斯天然氣。另外根據彭博社統計：戰爭中，美國輸往烏克蘭的軍火武器，支撐了美國的經濟。

只要戰場不在美國，只要不是美俄兩大核武國家直接衝突，美國既擴展了西半球北約組織聯盟，又成功銷售液化天然氣，市占全球第一；國內軍工複合體成為龐大產業鏈，提高了經濟成長，甚至比晶片好多了⋯⋯你教拜登如何不愛戰爭？

而當西線戰火蹂躪，突然之間東半球也複製了冷戰思維，戰鼓頻敲。

二〇二二年俄烏戰起，美國同步展開和中國未來至少三十年的新冷戰對峙——季辛吉和佛格森（Naill Ferguson）的評估，它是全方位的冷戰，從軍事、科技、經濟到國際秩序的圍堵。

說穿了，核心起因還是因為美國對維持其霸權的堅持。美國人普遍不能接受一個農民工的威權國家，突然崛起為第二大經濟體，而且

GDP已接近美國總量的七十三%。

回想二〇〇四年，當中國大陸的GDP總量占全球四．四%，只位居世界第六位時，美國人毫不在意那個做粗工組裝以農民工為主的製造業大國——他們是為我們做鞋的、做廉價商品的遠方工廠。踩在腳下，美國正在追求的是想像中「全球化的金融紅利」。

但二〇〇八年的金融風暴，敲響了美國的脆弱，沒有什麼全球化金融紅利，夢碎了，也夢醒了。警鐘從此以後，響遍美國每一個貧窮的小鎮。

從此美國社會對立長鳴，其鳴聲翻轉了美國所有的經濟、政治、國際戰略決策。從那一刻起，他們盯住了亞洲製造。

二〇一〇年，中國大陸成為世界第二大經濟體。從那一刻起，我們所有的人，尤其亞洲人，都一起慢慢走入冷戰第二版，而且遠比一九五〇—一九九一年的第一版危險。

亞洲人都被框在新冷戰的框架中，不管你願不願意，你必須選邊站。而且，沒有一方，相信和平。

二十世紀第一版的冷戰，美蘇雖然也相信戰爭，但軍事上雙方核武相當，打不起毀滅彼此的戰爭。經濟上，幾乎分離沒有往來，除了國家預算赤字的競爭危機，沒有經濟冷戰。

當下，二十一世紀的冷戰，首先美國的軍事能力仍然遙遙領先中國、軍事科技也大幅領先中國；其次全球供應鏈彼此雖然互依，但未必可以杜絕那些相信戰爭的狂人。

在歷史走向第二版本的冷戰時，兩大霸權之外的國家將不得不進入霸權交手的熱戰區。而且在霸權的煙火下，成為犧牲品。

尤其臺灣。

它突然自地殼板塊上跳出來，成為西方口中「世界上最危險的地方」、「世界晶片過度集中的生產地」、「二〇二七習近平將武力統一臺灣」、「短期內看不到解放軍攻臺的可能性，但十年之後愈來愈危險」……

住在島嶼上的人，看到的不是民主而是戰火的天光。我們不能反戰，因為我們既是美中霸權架構下，被美國支配的小角色；我們更是被中國大陸解放軍侵略的對象。

反戰，等於投降。

但已安居樂業了七十多年的我們，除了金門、馬祖地區的居民外，我們對於戰爭已經太陌生，陌生到不敢相信。

有辦法的人開始計畫移民，或是至少把孩子們送出國；沒有足夠經濟能力的人，只好守著陽光，守著「美國會軍事保護我們」的希望。

不管發生什麼事，朝陽明天照常會升起。但美國對於臺灣的軍事承諾並不明確——美國不曾給予臺灣如菲律賓、南韓、日本，鐵一般的「核承諾」。

美國最新的幾次兵棋推演，都是在美國不參戰的前提下，評估中國解放軍占領臺灣，必須付出多大的代價，還有臺灣可以抵禦多久。答案都是臺灣即使有能力擊退共軍，也將成為一片廢墟。

這愈來愈像美國對待烏克蘭的模式：軍火武器援助，但美國不參戰，也不同意烏克蘭使用美國提供的武器攻擊俄羅斯本土，戰場必須限制於烏克蘭。

美國在二〇二二年三月舉行的每一場音樂會，都向烏克蘭致敬；儘管如此，他們並不願意為烏克蘭人民犧牲任何美國士兵。

美國正在全力提供武器及訓練支援臺灣，根據報導，最新尚未批准的金額約五億美元。上次的軍購一・八億美元，還包括引發廣大爭議、只有解放軍兩棲登陸時，臺灣才需要的M136火山車載布雷系統。為什麼？

引用熟知白宮決策的《紐約時報》專欄作家佛里曼的論述，「臺灣是一個孤島，必須在戰爭之前，把臺灣打造成銅牆鐵壁」、「臺灣沒有烏克蘭的條件，它四面環海」，戰爭一旦開始，武器無法經由陸路鄰國進入臺灣。

至於美國願不願意為了保衛臺灣和解放軍開戰？

答案：尚未明確。

但二〇二三年，美國把在沖繩第一島鏈最靠近臺灣約五千名海軍陸戰隊士兵，調至離臺更遠的關島基地。

習近平會不會為了第四任期攻打或是封鎖臺灣？答案：根據美國

中情局長伯恩斯的「證詞」，去年是Yes，今年是No。

亞細亞的孤兒，不是一首羅大佑過時的經典歌曲，它愈來愈真實地描述臺灣。

島嶼上子民面對戰爭威脅的心情，逃避且壓抑。戰爭似乎近了，又似乎只在遠方。

一望無垠看不到和平之樹的沙漠上，大風陣陣吹起，朦朧中，遠處爭權奪利的影子正在廝殺。即使我們的國家、我們的生活之地，已經處在可能的戰爭邊緣。

我們許久未見蝴蝶觀望我們的模樣。在牠們眼中，人類可能很醜陋而不自覺。

我們許久未經歷戰爭的殘酷。

那是八十年前我們的前輩古老的記憶。

當眾人只知激情無知地或往前走，或逃避式地照常享樂時，有些人決定停下來思考，辯論；有些人悄悄無言離開。

季辛吉近百歲。二〇二三年五月初他接受CBS專訪，腦筋清楚地打斷試圖簡化問題的主持人提問。對於烏克蘭戰爭，他認為二〇二三年底，因為中國的介入，包括美國總統大選的情勢，烏克蘭可能達成停火協議，開始和平談判。換句話說，這場在我們眼中慘烈無比的戰爭，季辛吉認為可能一、兩年內會結束。

攸關臺灣的美中衝突呢？

季辛吉給了一個幾十年的答案。「全球兩大科技大國、兩大經濟體……這個衝突一點都不能忽略，它將主導全球約數十年。」

季辛吉沒有說的是：美中衝突的外溢效應，當AI教父辛頓（G. Hinton）辭去Google的工作、警告人工智慧的危險時，美國五角大廈第一個跳出來反對監管ＡＩ。「因為美國若實施監管，中國人工智慧軍事能力將超越美國」。

季辛吉前國務卿身為第一版冷戰的核心頭腦，他明白冷戰期間的和平來自於大國霸權的節制，若爆發戰爭，只會侷限在「代理人國」（韓戰、越戰）。自二〇一四年起，他多次發言阻止美國支持烏克蘭加入北約，因為它必然爆發戰爭，而烏克蘭將一無所獲。

華府沒有採納他的意見，目前季辛吉提出的新和平方案是：既然戰爭已發生，讓烏克蘭加入北約；但烏克蘭必須接受承認俄羅斯在烏克蘭占領區擁有主權，交換俄羅斯止戰。

另一位是再度當選巴西總統的魯拉，他認為「俄羅斯不只是一個普通國家。俄羅斯對於確保世界和平在未來世紀內，仍將扮演非常重要的角色。」魯拉說：「沒有人可以消滅俄羅斯，衝突已經持續了一年，現在必須找到一個勸和者。」

「因為美國不想尋求和平。」

魯拉此前表態，巴西有意成為俄烏雙方的「調停者」。二〇二二年十二月三十一日，魯拉在就職典禮前曾分別會見俄、烏兩國特使，並呼籲結束俄烏衝突。二〇二三年二月與美國總統拜登會晤時，魯拉曾提議建立一個包括中印巴金磚國家及其他「更中立」國家在內的「和平俱樂部」，希望俄烏衝突透過談判方式和平解決。

由於所謂金磚國家，包括了中國大陸，在臺灣人及美國眼中，這等同「敵對組織」。

但魯拉說的那句名言：美國並不相信和平，是拉丁美洲國家一百年以來的感受及痛苦。

公平而言，不只美國，所有的核武霸權國家，都不相信和平。總是到了不得已，殺紅了眼，和平方案才被擺在血淋淋的桌面上。

而這正是季辛吉談到目前美中關係的憂慮之處。理性上雙方領袖都知道只能競爭，不能真正衝突，但雙方國內強硬派的聲浪、個人權力的精打細算，加上戰爭是人類嗜血戒不了的毒癮，它總是以英雄序曲展開，接下來傷殘的士兵、破碎的家園、肢解的時代……痛到了谷底，和平的理性才油然而生。但已為時太晚。

近期，邱吉爾常常被臺灣某些人當成「相信注定一戰」的戰爭主義代表。張伯倫、貝當元帥都是綏靖者、時代的背叛者、懦弱膽小鬼。

邱吉爾至二〇二三年已經死了五十八年，依據我對他生平的了解，他不會喜歡這個代號。

他出生於大英帝國最輝煌的後期，他喜歡打仗，自小玩錫兵遊戲，功課一塌糊塗。他是一名傑出的戰地記者，直到他目睹英軍於蘇丹殘忍的屠殺，他才醒來。他辭去軍職，一番陰錯陽差，二十六歲邱吉爾當選下議院議員。以英雄之姿登上議會演講台，他第一次的演說：要求英國給予所有殖民地包括印度、中東、蘇丹、埃及……如紐西蘭、加拿大一樣的「自治權」，成立大英帝國國協。他的演講引發滿堂噓聲，尤其他所屬的保守黨。

邱吉爾正式從政的第一天，就因「對殖民地的妥協主張」，英雄好漢的地位就垮了。

邱吉爾的演說，過了四十年後，所有英國人都被迫面對了真相：英國的殖民並不討人喜歡，為了鎮壓當地的反抗運動，龐大的駐軍費用已經超過英國在當地可以掠奪的物資。英國不待第一、二次世界大戰，國庫已漸漸虛空。偉大的大英帝國在一八九五年總量GDP已經被前殖民地美國超越。

邱吉爾在二戰前和張伯倫辯論戰爭必將發生，除了當時的對手是希特勒之外，還有德國在一九三〇年代的經濟處境。太高的一戰戰爭賠款以及美國大蕭條外溢於德國高達四十四%的失業率，德國必須採取戰爭行動，才能解決德國的困境。他對於注定必有戰爭，是有嚴謹前提的推論。

英國在邱吉爾第一次登上演講台到二次世界大戰之後，從世界上最大的債權國變成世界最大的債務國。大英帝國的瓦解不是緩慢的，而是以一種令人驚訝的自由落體般的速度瓦解的。

關於戰爭的殘忍，征服者一無所獲，戰勝國亦是破產國，邱吉爾一生深刻體會。他寫下二次世界大戰回憶錄，華麗的文采之下，是他對英國殞落的痛楚。

如果活在當代，他會支持美國在海珊入侵科威特時，打波斯灣戰爭；但他不會支持阿富汗戰爭，更不可能同意伊拉克戰爭。

如果活在當代，他不會如小布希以謊言，歐巴馬、拜登以愚蠢的推翻獨裁者為理由，介入伊拉克、利比亞、敘利亞、埃及、蘇丹……導致內戰及難民危機，並且留下回教世界與西方另一道深烙的歷史仇恨。

他並不好戰。

如果活在當代的臺灣，他可能已預見臺北的燈，即將進入黑暗。

3 活在極端主義的歷史中

他才十四歲。聖誕夜那天，東方三賢士還是拋棄了他，他的頭頂上星辰閃爍，但祝福並不屬於他。

疲憊絕望一如往日——那不只是大風粗糲的嘶吼。

媽媽說，「孩子，你要往前走，那裡才有未來。」「我們不能陪你前往，我們會被拆散，逮捕。」「你必須一個人，勇敢地往前走。我們的家，已經是毒梟掠奪之地。留在這裡，有一天你會成為他們的一分子，或是被他們殺死。」「孩子，這裡是地獄，那裡未必是天堂，但你不會絕望地倒在血泊中，去吧，走吧。」

那一夜，叫何塞（Jose）的小孩，孤身一人躲在樹林。他看到遠處燭火旁，有人被粗暴的國家警察毆打；有人半夜闖入，傳聞不幸死亡，陰影垂落他厭倦的眼臉。

他只想好好睡一覺，他聽從母親的話，他是個男孩，他不是勇士，但他們必須勇敢。

在邊境這裡，即使太陽也滋養著黑夜，他們將被逮捕，丟到某個地方。

善良，已經用盡所有的蠟燭。

和何塞一樣的男孩，目前正成為川普口中毒害的血液。為了阻止類似他這種無證移民湧入，美國德州政府在二〇二三年十一月通過了名為SB4的新法案，二〇二四年三月生效。

新法將把非法進入或再次非法進入的人，列為「州罪」。地方執法部門，包括警察有權逮捕並起訴違法者，州法官有權下令驅逐違法者，拒不執行的無證移民最高可判監二十年。

法律生效前，德州、佛羅里達州，皆曾把這些無證移民送往紐約、芝加哥。紐約一度想開放中央公園搭建臨時建築收容這些無證移民，如今人道主義的火也用完了，紐約開始想盡辦法圍堵從南方送過來的移民。

二〇二四年初，德州和路易斯安那州想出另一個「突破點」。兩個州將近四百名尋求政治庇護的移民，送上十輛巴士，巴士開往紐澤西好幾個車站，然後再讓他們轉搭火車進入紐約市。

德州州長另外也用同樣的方式「對付」民主黨執政的芝加哥。滿載三百多位移民的飛機降落在芝加哥市郊的機場，搭上事先安排好的轉乘火車和巴士，直接進入芝加哥市。

扔下他們。一走了之。

何塞希望自己不要成為這種被丟包的人。但稍早依照「追夢人計畫」，幸運成功進入美國的移民兒童正在從事該國最危險的工作。

被指派根除非法勞工行為的私人審計員，刻意忽視這群無證移民童工。

美國法律在第二次世界大戰繁榮起來之後，開始禁止十八歲以下的童工從事工作。

但無證移民兒童卻是灰色地帶，他們最常見的工作正是最危險的工作之一——爬上屋頂和爬上建築鷹架。

活下來，微薄的薪水；摔下去，粉身碎骨。

他們不是美國公民，他們在當代的美國多數人眼中是「侵入者」，命幾條，屍首幾個。

無證移民兒童的死亡，至今仍然是一個沒有官方數據統計的現象。《紐約時報》一份最新調查發現：美國一些知名品牌，例如彩虹糖、麥當勞的生產倉庫都非法僱傭這些兒童移工，方法是讓孩子帶假身分證上夜班。

這是何塞可以想像最好的未來。

《紐約時報》統計，這些企業因此降低大幅成本，光靠著這種方式，可以賺取數十億美元。

但美國前總統川普不這麼看。他在一場公開造勢場合上表示：「前所未有的數百萬拜登非法外國人，正在入侵我們的國家，當我再次當選，這只是常識，我們將開始、我們別無選擇，美國史上最大規模驅逐行動，我們將必須這麼做。」「他們正在毒害我們國家的血液。這就是他們所做的。他們毒害了世界各地的精神病院和監獄。不只是在南美洲，不只是我們想到的三、四個國家，而是全世界。」

接著他把這群美國勞動市場事實上需要的基層勞動力，而且美國人占盡便宜工資的無證移民形容為：「我們將剷除共產主義者、馬克思主義者、法西斯主義者和激進左翼暴徒，他們像害蟲一樣生活在我們國家的範圍內，在選舉中撒謊、盜竊和欺騙。……他們帶著疾病進來。」

他的言論如十九世紀的黃禍。當時中國是世界上最貧窮的國家之一，對外輸出打工豬仔、修美國鐵路。年齡十歲的童工，比比皆是。

這些移工不僅在美國西岸修鐵路，在一八七〇年代美國東岸爆發金融危機工廠倒閉潮時，他們從西岸被送往東岸，從事礦業、建築業，以及餐館、洗衣店等低報酬勞動。

宋美齡的父親宋查理就是其中之一。

南北戰爭後，美國經濟衰退，導致當地白人失業，「黃禍」之詞由此而生。仇恨之高，匪夷所思。

一八七三年八月二十七日《舊金山紀事報》（*San Francisco Chronicle*）刊登一篇文章——「中國人入侵！他們來了，多達九十萬人」（THE CHINESE INVASION! They Are Coming, 900,000 Strong）。

白人勞工把中國工人貶為「骯髒的黃色群體」。一些美國人認為，他們如老鼠，領低薪工作，毀滅了美國人的生活。

白人沒有看到的是：刻苦耐勞的亞洲勞工的出現，是當時美國東岸許多工廠——特別是造船廠——免於倒閉的理由。

不必瘋狂川普，十九世紀著名報人霍勒斯．格里利（Horace

Greeley）曾公開說「中國人不文明、不乾淨、骯髒」，有著「淫蕩和充滿肉慾的性格」，他們必須被消滅。

這股嫌惡促成了一八八二年的《排華法案》，這項法案不僅禁止中國人成為美國公民，一些已有合法居留權的人也遭到牽連。

一百五十年後，這股反彈移民風潮，再度捲起。而且不只在美國，幾乎大西洋兩邊，十九世紀享受了殖民主義的先進「強國」，目前皆因經濟衰落，繁華不再，國債高築，貧富懸殊，掀起了反移民的極端浪潮。

美國人這回的對象是美墨邊境的拉丁美洲無證移民。邊境議題甚至超越了川普官司、俄烏、以哈戰爭在美國政治上的關注度。

何塞的母親，看到了自己家鄉的絕望，她無法知曉自己的兒子可能正在踏入一個囚禁之地。

人在挫折時特別容易感到絕望、脆弱。根據統計，美國至少有四千四百萬人生活在貧窮線邊緣。如果這些人還抱著昔日的優越感，這樣的絕望，很容易轉換成「責怪式的種族主義聲音」。

川普當然是此中好手，他把美國人民心中的怨恨，轉移視線至移民危機。這居然成為美國當下的流行意識，儘管它蠢到毫無邏輯。移民，取代了「貧富差距」「一%VS九十九%」，成為美國深層挫折感的代名詞。

豈止美國，二〇二三年十一月二十二日，一場反移民極右派大勝的荷蘭選舉，這是震幅擴及全歐洲的大地震，反移民議題得到壓倒性的勝利。

荷蘭在地理上向海洋和對全球開放，過去曾被認為是全球化始祖、殖民大國，也是環保意識的先驅國家。但是荷蘭也在二〇一九年十月，誕生了第一個農民公民運動黨（BoerBurgerBeweging, BBB），是荷蘭農業和極右翼民粹主義政黨。

十九世紀最大的帝國英國現任首相蘇納克，近期說話很像Siri。

蘇納克：他們希望停止船隻。

蘇納克：對我而言，重中之重是停止船隻。停止船隻。停止船隻。最後我們終將停止船隻。

蘇納克像持咒般地不斷重複「停止船隻」，指的是那些陷入戰亂「阿拉伯之春」國家的難民船隻。

英國政府還想出了一個不可思議的「盧安達計畫」。「當英國沒有辦法阻止人們來到這裡，除非你有威懾手段，這意味著他們將被送到其他地方。就這麼簡單。這就是我們的威懾手段。」

所謂威懾的方法就是把難民抓起來，強行遣送到困苦的非洲國家盧安達。

二〇二三年近三萬非法移民偷渡英吉利海峽到英國。英國政府二〇二四年一月一日發布的資料顯示，二〇二三年將近三萬名無證移民乘船從法國北部穿越英吉利海峽偷渡至英國，創下公開相關紀錄以來的第二高。

英國二〇一六年決定脫離歐洲聯盟後，承諾加強邊境管控。現任首相蘇納克，不是極右派，在英國千瘡百孔經濟滑落至全球第六大經濟體，輸給昔日殖民地印度後，蘇納克面對即將來臨的選舉，把「攔截偷渡船」作為政府關鍵工作目標。

英國等歐洲國家面臨嚴重的偷渡問題，實際上是西亞北非「阿拉伯之春」後果的外溢。這場大範圍動盪，讓西亞北非地區的政治生態發生重大變化，直接導致當地民不聊生，內戰頻仍。大批所謂非法移民湧入英國，因為他們都是英國的前殖民地，以英語為主要語言。

英國政府當然不會反省這段歷史，他們想到的是以算人頭，每個人兩百五十英鎊，把難民像扔垃圾一樣，丟到盧安達自生自滅。

二〇二三年十一月十五日英國最高法院駁回此項法律。五名法官一致認為這項政策，違背了英國簽署的：國際人權公約。

但這個聽起來只應該發生在十九世紀的可悲方案，居然在曾經號稱偉大的英國下議院通過。

而另一個殖民大國——法國，也拉起反移民極右浪潮。

法國議會二〇二三年底已批准了一項移民法案，加強政府驅逐外國人的權限，並收緊福利和公民身分的獲取條件。這項立法已經預言瑪琳·勒朋領導的反移民國民聯盟（National Rally）的勝利，那個「類希特勒」的思想，正在影響法國，成為主流價值。

法案通過的時候，在國會除了獲得了勒朋極右翼議員支持外，原本屬於中間派的馬克宏前進黨，也支持了這個法案。法案授權法國政府驅逐「拒絕接受法蘭西共和國價值觀」的外國移民。

種族主義復活了、極端主義復活了。

是誰抹去了人們曾經的淚水？成為恨？

一個毫不通融的時代如今籠罩著世界。曾經造就這個時代價值的西方，自以為自己已經成為時代犧牲品。

它不是歷史上第一次，它是歷史不斷複製的醜陋。

但它這次生根的地方，不是一次世界大戰戰敗、還不出賠款的德國。

而是曾經世界上最開放、最民主、最自由的國度。

這是隱藏於英、荷、法、美等大國靈魂中的祕密，撒旦一直在那個角落裡。兩百年來，他們是人權國家，他們也是掠奪的盜匪帝國。端起一杯英國莊園下午茶，那片茶葉來自福建武夷山，桌上的花卉來自殖民地肯亞。

每一個優雅的背後，都交換著魔鬼。每一點優越感，腳踏的都是對第三世界的壓迫。

當世界的經濟不再完全傾向西方，他們必須和亞洲的工人競爭，他們落敗了。

當東西半球愈來愈平衡時，他們必須和不同膚色的科學家、發明家、工程師公平的比賽——他們的優勢不再。

根據《紐約時報》報導，川普已宣稱若當選下屆總統，他不只計畫將無證移民關押在難民營中，等待遣返；即便在美國出生的無證移民的孩子，也要終止他們在地主義取得的公民身分。

「我知道這會成功，零容忍，就是零容忍。逮捕移民……這裡的狀況已經失控了。」

夜晚奔跑、槍聲在德州邊境響起，何塞突然希望槍可以擊中他。他想告訴媽媽，他沒有任何去處。

在垂死之時——他希望將目光投向遙遠的天空。

他不再信任上帝。

他相信無邊，無國界的宇宙。

4 永不倒塌的圍牆

這十五年，你過得困惑嗎？

這十五年我們在時代的輪軸脫軌中，免不了相信了一連串的論點。它們依時間序列，包括：華爾街貪婪、一%VS九十九%、議會政治的收買與瓦解、阿拉伯之春，全球化危機、貧富差距、中東難民危機、反移民運動、讓國家再次偉大……。

論述者發明了論述，也引發一陣又一陣風潮。但更深入的剖析，或是答案，總是早就躲在某個地方：例如原來美國歷史上早已有著長遠的反移民情緒；例如原來貧富差距自雷根總統大幅減稅起已躲在那裡；例如原來阿拉伯歷史上的「現代化」向來以悲劇收場；例如原來歐洲國家的穆斯林公民，是二戰後為開採煤礦，有計畫地自原殖民地引入的移民，但當經濟型態改變後，他們突然成為闖入者，大量失業，並且最終他們群居的地點被和恐怖主義溫床畫上了等號。

時代匆匆，答案更匆匆。

我們還來不及抓住當代的危機，回應一個嚴肅又長遠的問題，下一個危機又來。

人們剛剛自破碎的金融海嘯中卑微低薪地站起來，鼓勵自己看遠一點，告訴自己要學習下一個階段的人工智慧……還沒站穩，人工智慧運算的大數據已經把我們的隱私、資料成為販售商品，社群網站已經充滿付錢的假消息壟斷言論市場，各國各政治勢力的網軍，已經把一百年來歷史中建立的普世價值「言論自由」，摧毀殆盡；然後再把民主選舉變成少數人可操縱的制度。

一夕之間，連民主政體都出現了危機。

一夕之間，美國出現前所未有的左派運動。民主黨人最終為了打敗川普，支持了拜登；但那些支持伯尼．桑德斯（Bernie Sanders）、伊莉莎白．華倫（Elizabeth Warren）的年輕人，已經本質性地改變了民主黨。這是一百多年來，社會主義第一次差一點攻占美國主流政黨，過去從未出現。

一夕之間，要求「富人稅」的聲浪不斷，但也一夕之間，大鼻子情聖演員、LVMH集團總裁丟了法國護照，寧可當俄羅斯或是比利時人。

於是，一夕之間，富人稅宣告失敗。

一夕之間，馬克宏在法國人民找不到答案、唾棄傳統的左右政黨的風潮中當選了。

然後一夕之間，因為一個環保「燃料稅」政策，「黃背心運動」集結了全法國各種憤怒，塗鴉毀損凱旋門。

這世界只剩下崩塌或是勉強維持，沒有誰凱旋。

一夕之間，馬克宏的明星光芒也消失了。

二〇一六年，川普戲劇性地登上白宮主人寶座。從此以後反全球化的論述，有了一個新目標——中國。

對中國的攻擊其實未必和反全球化有關，它誘導也匯集了各方勢力。價值上，反對中共的威權體制；心理上，反對中國成為第二大經濟體，因為「他們的所有工作及財富，都是偷來的」，而美國的經濟是被中國殺死的。

中國本身提供了太多可以反對的理由：反對中國北京政府試圖染指香港的自治；反對中國以補貼方式支持其國營事業；反對中國新疆維吾爾集中營式的管理；反對中國一帶一路在各國留下的負債，所謂「財務陷阱」。反對、反對、反對……

此時此刻距離二〇〇七年次貸風暴、二〇〇八年九月雷曼兄弟倒閉已十多年，華爾街的貪婪被丟到九霄雲外，因為當時的中國、日本、亞洲人純粹是受害者。

《二十一世紀資本論》作者湯瑪斯・皮凱提（Thomas Piketty），提倡恢復雷根總統及柴契爾夫人減稅前的高所得稅，但他的呼籲完全沒入了反中的聲浪中，沒有共鳴。

川普對中國的關稅戰步步升高，最後完成的第一階段協議，居然是多買美國選舉搖擺州的大豆。川普的前國安顧問波頓乾脆告訴大家，川普希望習近平幫助他連任。

貧富差距代表的吉尼係數還在擴大，科技使世界不均衡的發展狀態，愈來愈找不到答案。

聰明的領袖高舉國家的旗幟，號召虛弱的、不知何去何從、沒有選擇的人民。他們一一當選，也一一拿不出辦法解決困境。

留下愚蠢的我們，不知所措。

攻擊體制容易；解決方案，如宇宙上的黑洞，如死亡的星斗，遙不可及。

歷史進入二〇二〇年，一場被全球稱為 COVID-19，臺灣稱為武漢肺炎的大流行病來了。它至六月底，感染了全球千萬人，奪走了逾五十萬人生命。它至今是一個找不到藥，疫苗未來或許只有七十%藥效的疾病。它的第二波疫情來襲得比想像中早：美國醫護人員如烈士般，把自己交給上帝，也交給無能——沒有口罩、防護裝備——的政府。美國日增新冠病例達到四萬人的峰值，南部的德州，在疫情初期受創本來較輕，是全國最後實施封城、最早重啟的州之一，現在卻淪為重災區。住院人數創紀錄，即便是在擁有龐大醫療系統的美國第四大城市休士頓，醫療資源也即將耗盡。

世界哀鴻遍野，但不只是疫苗，世界對過去十五年的危機還是沒有真正的方案。

抓緊危機趁亂上台的人，令我們目盲也耳盲。每隔一段時間，一個意外事件，在各國，包括民主的與不民主的，皆可野火燎原。因為我們當代，已經累積了太多危機，一個小事件，一點燃即聚集各方不滿，燒得遍地烽火。

這十五年，我們在迷路中，吶喊，欺騙自己，也被欺騙。

這十五年，你過得好嗎？

曾經在柏林圍牆倒塌後，我們以為二戰之後、冷戰之後，我們有了新秩序、新價值。民主將統治一切，也解決一切。從此人與人，階級與階級，國家與國家，可以透過對話，找到共識。

這些新秩序、新價值，在二〇〇八年金融海嘯之後，脆弱成碎片。我整整等了十五年，靜靜觀察歷史的變化，心痛地看著每一個痕跡，憤怒但平靜地看著每一段風潮，我一直想書寫一個沒有神話的時代紀錄。

柏林圍牆倒塌，但那是實體的圍牆。

在世間，在西方與東方，在富與貧，在資本擁有者與工作者，在經濟合作暨發展組織（Organisation for Economic Cooperation and Development, OECD）核心富國與第三世界……這些看不見的圍牆，從未倒塌。

我再度埋首閱讀一九四五－一九四六，尋找二戰結束後所謂的歷史秩序，也再度見到了人性的循環本質。德裔波蘭人在當年面臨被復仇性的驅逐、屠殺、女性被強姦。那一年是二戰的勝利，但人性並沒有停止其殘忍。

集中營內，猶太人被釋放，關回去的是德國後裔的波蘭人。他們多半是老弱婦孺，因為大批年輕人已經因參戰而死亡。他們可能和德國當地的納粹崛起，毫無關聯，但他們被當成象徵，在集中營內受盡鞭打、強姦，包括小孩。

而在一九四五年前，波蘭與烏克蘭土地被雅爾達密約強國重新分配，已注定了今天烏克蘭的動盪不安。

為了撰寫《天下雜誌》新專欄，我重新閱讀二戰、冷戰後、柏林圍牆倒塌，那些被過度吹噓的國際新秩序、新價值。我的情感不只回到二〇〇八年，我想接通一九四五年至今，那些改變也注定今日世界的歷史事件。

八十年，我看到戰火結束，但蹂躪沒有停止，悲愴樂曲般的顫音，在曾被恐怖占據的土地，鼓和弦，不可救藥地一直奏響。

這是人性的傑作。純粹的人性。

愛與恨，解放與復仇，再度踏入熊熊大火。沒有人可以解救我們破碎的靈魂。

一九四五—一九四七年，大英帝國瓦解後，當時在全球唯一高喊炸響的是：國家萬歲！建國萬歲！國族萬歲！獨立萬歲。國歌奏起，在動容的音樂聲中，我們以為所有的痛苦將遠離，將被慈悲的上天赦免。

當英法殖民地紛紛獨立後，第三世界很快的又動盪，又陷入內戰……

八十年後的今天，我們除了擁抱國家，好像也別無所選。

一切多麼類似。

歷史再度尖叫！復活！

5 全球化如豬八戒，永遠不會死

「全球化已死。」

這句話出自世界最大的晶圓代工工廠創辦人張忠謀。

他的經驗認知正好經歷了三個時代：亞洲經濟崛起、全球化及供應鏈達到高峰、八十年來全球最大的金融風暴。

台積電的崛起，就剛好卡在人類全球化經濟史某一個「幸運」及「不幸」的區間。

如今，時代變了。原因當然主要還是美國的經濟停滯、貧富差距、資本主義危機、中產階級衰落……這些社會矛盾甚至威脅了美國的民主制度。

於是自一九四八年，由美國杜魯門總統主導的GATT，尤其一九九五年柯林頓政府一手打造人類史上最大的「全球貿易秩序機構」WTO，幾乎已經變成日內瓦的「無用風景」。

美國是WTO最重要的創始會員國，但現在也是實施貿易壁壘、最常違反自由貿易的敗訴國之一。

美國目前在WTO的策略是敗訴後再上訴，以曠日費時的訴訟方式，耗費時間，拖垮貿易競爭對手。

但答案真的是「全球化已死」嗎？

我常常開玩笑說：把歷史看遠一點，人類第一波全球化，始於豬八戒。

正確地說，人類從歐洲連結至中亞、唐朝、東亞，始於第七世紀，也就是絲路的年代。那正是中國古典神魔小說《西遊記》幾個主要角色唐僧、孫悟空、豬八戒的背景時代。

日本學者松田博士，將之命名為「絹馬交易」。絲綢只是當時最具代表性的產品，在橫跨歐洲、中亞、唐朝、東亞、日本的全球貿易中，還包括了玉石、白銀、玻璃、香料、毛皮。

我們當代熟悉的「水餃」，這種半月形的食物，在威尼斯、在唐朝、在發源地中亞，以不同的口味長相，流傳至今。

那個水餃，是人類第一波全球化的象徵。

絲路的高峰期始於西元六三〇年（東突厥滅亡），殞落於安史之亂（七五五年）；也是杜甫的年代。

「萬里悲秋常作客，百年多病獨登台。艱難苦恨繁霜鬢，潦倒新停濁酒杯。」

杜甫悲涼詩句三個世紀後，另一波更大規模的全球化浪潮席捲歐洲。

回憶人類幾波全球化，往往都至少有一個核心城邦或是國家，領導全球化，其模式由主導國決定，每一波全球化浪潮各自以不同面貌呈現。

這些全球化的開始及結束都有出其不意的歷史事件，都有一個占統治地位的資本主義城市作為中心。

例如十一世紀接棒第八世紀的絲路，主導的力量主要來自於歐洲的擴張，尤其義大利諸城邦，威尼斯後來居上。

在二次大戰後，美國主導的全球化之前，人類經濟史已經歷經了至少六大波的全球化，有時候發展神速，大多因為主要占統治地位的國家出現了快速的擴張，然後因為某個重大危機，全球化的波濤即告一段落。

但嚴格說起來，全球化從來沒有終止，也不會死。它只是暫時中斷了，接著換另一個面貌、另一個產業，重新爬起來。

稍歇一歇，但從未進過墳墓。

人類主要的六大波全球化中，最具代表性的是大英帝國。透過東印度公司、殖民統治，在大航海時代，征服了世界各洲。

一七九二年，當大英帝國的君王以向乾隆皇帝祝壽為名義，派出馬戛爾尼使團，分乘五艘船隻經歷十個月的航行，於一七九三年七月抵達天津大沽口時，他們看到了東方「驕傲而停滯的帝國」，歷史在那一刻見證了全球化最後的冒險、征服，與從此大英帝國最大的擴張。

直到二次世界大戰前。

美國總統杜魯門的接棒，設立貿易協商機制ＧＡＴＴ，是很自然的結論。

二次大戰結束之前，小羅斯福總統最大的角色是協助英國、歐洲打敗希特勒，還有設立美元成為世界貨幣。

永保美國第一。

一九四五年，小羅斯福第四任連任上台沒有多久，突然去世。美國總統的戰略是延續的，杜魯門除了迫不急待在日本丟了兩顆原子彈，還有一個不可說的任務：終結大英帝國的影響力，取而代之。

美國很快的以拒絕低息貸款、要求英鎊進入自由市場兌換機制……等，瓦解了英國的殖民優勢。

從此開始了美國主導全球化的時代。

這一波的全球化如果仔細回顧歷史，除了占主導地位的美國一直未改變外，過程也是曲曲折折。

而且更特別的是這一波全球化美國企業主要受益地區來自亞洲；美國目前認為它主要的威脅地區，也是來自亞洲。

東西再度對決。儘管美國目前仍然保持優勢。

而導致這波全球化起伏曲折的理由，並不是冷戰、不是共產主義，仍然是美國的國內因素。

一九六〇年美國從鐵路、工廠、編劇、報紙……各行各業都發生了大罷工。當時的美國產業發生了一個永遠改變美國，也改變亞洲經濟的行動——許多工廠老闆拒絕勞工加薪的要求，直接把工廠關了，或是縮小規模，將工廠遷移至日本。

這一跨就是七十年，亞洲從日本、臺灣、韓國、香港……到後來美國人萬萬沒有料到的中國勞工，以勤勞、認真、聰明……一一脫離貧窮，並且徹徹底底打敗了美國的勞動市場。

亞洲經濟的崛起，成為二十世紀尤其進入一九八〇年代後，世界資本主義全球化的重大現象。它一度在美國成為顯學，美國幾位泰斗級的經濟學專家自上世紀八〇年代起，即認真研究「亞洲模式」，包括日本，包括韓國。

他們得到的答案大概粗歸於兩項：(1)國家規劃經濟及主導產業的能力（State）；以及(2)出口。

美國在一九八五年前後，全力批評日本的外貿省如何主導不公平貿易，美國竭盡所能從貨幣、汽車、半導體、家電等下手對付日本；但「資本主義的鱒魚不會逆流」，美國打敗了日本，工作卻沒有回流美國。

之後一九八七年美國再祭出三〇一報復法案，逼迫小小的臺灣，臺幣兩年之內升值近三十%，於是換臺灣的傳統產業倒了……但工作卻流向勞動力更大、勞工源源不絕，如大軍壓境，正好改革開放約十年的中國大陸。

終於，二〇一七年川普對中國祭出一連串關稅，結果工廠訂單還是部分流向越南……沒有回流美國。

回不去了。

如張愛玲的小說《半生緣》最後的結語。這個痴痴地相信自由經濟的國家，終於到了拜登時代，認清了這一點。那工作回流的謊言如此明顯，卻滿足了美國夢的弱點。

於是二〇二二年八月，拜登以降低通膨之名，以氣候變遷為號召，學起了他們曾經不屑也反對的亞洲模式：由國家對特定產業進行補貼，或是減免稅收。

至於美國勞動力的競爭力不足，怎麼辦？

當年是這個因素把美國的工廠拉離西半球，進入亞洲。

如今這個因素，依舊並沒有消失。

於是美國回到孤立主義，回到保護主義，回到他們認為曾經使美國強大的所有主義。唯獨不肯也無法面對美國勞動力及中階工程師皆競爭力不足的「美國夢之瘤」。

美國人認為美國國力衰退，是因為過去介入中東戰爭太深。

於是二〇二二年，平安夜前三天，當美國國會眾議員列隊歡迎烏克蘭總統時，美國總統拜登和第一夫人吉兒也等在白宮迎接澤倫斯基。

拜登一方面搭著澤倫斯基的肩膀，交換溫暖的微笑，表面上展示美國屹立不搖的支持。但他也表示：美國已為烏克蘭提供的數百億美元援助，那是對全球安全與民主的投資。但除了愛國者飛彈，美國無法提供烏克蘭所要求的所有先進武器。

美國目前的民意已經回到一九四一年珍珠港事件前的美國。有限制的軍援，而且美國絕不參戰。

美國最新民調顯示，三分之一的美國民眾不希望政府繼續援助基輔，五成民眾希望烏克蘭盡快和談。

烏克蘭總統澤倫斯基似乎比臺灣總統明白自己的處境；他在美國國會卑微且慷慨激昂地表示：「烏克蘭絕對不會要求美國士兵到我們的土地上為我們打仗，我向你們保證，烏克蘭士兵完全有能力操作美國坦克和戰機。」

根據美國ABC新聞報導：超過一半眾議院共和黨議員拒絕出席澤倫斯基歷史性的演說，即便出席的共和黨議員也拒絕起立鼓掌。

這是美國新孤立主義的序幕。

全球化呢？

與其說「全球化已死」，不如說「WTO」已經名存實亡。

回顧三十年前，烏拉圭回合談判協議，直接促成了世界貿易組織WTO的誕生。而WTO的前身GATT關貿協定，是早在二戰期間，就由美國所鋪陳的布列敦森林協議中，三大國際金融貿易機構之一。

近三十年來，世貿組織WTO和它引領的全球化潮流，象徵著由美國主導在戰後一步步建構出來的「規則」與「秩序」。然而這個遊戲規則，近年來卻在美國自己的國內危機中遭遇愈來愈多的挑戰與質疑。

美國人開始認為……全球化就是雨露均霑，就是協助新興經濟體國家與人民，就是中國與俄羅斯等國家開始挾市場與商品自重，挑戰美國在世局中的主導地位。

而那些曾經倡導世界是平的全球化支持者，會支持如此粗糙的論述嗎？

即使身為一流的經濟學家，他們也很難超越當下的美國疼痛；他們目睹美國破碎的體制，開始踏上「修正主義」。

例如諾貝爾經濟學獎得主克魯曼：雖然這一代的世人，早已如空氣一般，把自由市場當成了理所當然，但自由市場本身並非「目的」，過去美國推行全球化，只因全球化是符合當時世界潮流，與當時戰略需求所採取的一種「手段」，如今戰略情勢丕變，「手段」自然也須隨之調整。

波士頓大學全球發展政策中心主任蓋勒格：全球化已經走過頭……就像股市會出現泡沫，然後開始修正，我認為現在也出現了全球化的泡沫，必須進行修正。我們花費太多精神在推動全球化，但自由市場本身不是「目的」，它應該是一個幫助世界更穩定、更公平、更環保的「手段」才對。

國際貨幣基金組織（International Monetary Fund，簡稱IMF）首席經濟學家古蘭沙：我們必須尋找更好的方式，來讓所有人都能從貿易中受益，這也是現在為何反全球化情緒高漲的原因，因為很多人覺得自己被全球化潮流拋棄，所以他們當然會投給那些反全球化的政治人物。

美國的轉變是歷史上全球化歷史的通則。

當主導之國，自己陷入僵局或危機時，他會出現一堆因素阻擋對他不利的全球化，形成全球化的「停滯」，但這並非「死了」。

正如神魔小說中的豬八戒，代代相傳，永遠不死。

6　一片鋼板的全球化旅程

這是一片鋼板的全球化旅程。

它的前世是鐵礦砂。全球鐵礦砂最主要的生產地五十％集中於澳洲，巴西占二十三％。澳洲和巴西兩個最大的出口國，鐵礦砂貿易量集中於力拓、必和必拓、ＦＭＧ和淡水河谷四大礦業公司。這四大礦業公司主導了全世界的飛機、汽車、工業產品、建築、家用冰箱、商用冰庫……雙眼所及，我們生活裡每一個角落。

即使歷經川普、拜登約莫四年開戰的鋼鐵戰，這片鋼板的旅程絲毫沒有改變。

從澳洲開採鐵礦砂後，因為工資太高，空氣、環境污染太大，澳洲並沒有意願發展強大的鋼鐵產業。

鐵礦砂自澳洲出口後，這些散裝的原物料將走上它今世的第一步，先進入中國或是越南，在中國東北及江蘇，使用骯髒的焦煤、石灰石提煉為大鋼胚、小鋼胚、扁鋼胚、鋼錠等各種不同的粗鋼；接下來它們被運往韓國或臺灣，經冷熱軋製成鋼板、鋼捲、鋼筋、線材、棒鋼、盤元，或是經軋延切割裁剪加工製成各類型鋼……成為高階半成品鋼板。

最後這些高階半成品的不鏽鋼鋼板將展開它最壯麗的旅程。龐重的鋼鐵上了貨櫃，轉往美國的鋼鐵大州賓州。

在這裡，終端加工，一塊完美最高端鋼板誕生了。

費城的大鋼鐵公司將完美鋼板賣給波音公司、特斯拉……成為空中起飛、高速公路上奔馳耀眼的麟金移動工具。

這片鋼板的旅程從國際政治的角度來看，很像湯姆歷險記。從澳洲到美國，那是如今圍堵中國的AUKUS（澳英美聯盟），但它背叛了美國架構的國際戰略，跑到了中國；有一部分違反臺灣海峽兩岸的敵意，進入被許多幌幌之言者稱為「世界上最危險」的地區，兩岸一條龍合作生產；有一部分去了加拿大、韓國，日本……最後才輸往美國費城。

當川普二〇一八年啟動關稅貿易戰時，他的第一槍就是針對進口鋼鐵課稅。二〇一八年三月他坐在白宮橢圓桌上簽署歷史性的鋼鐵關稅，旁邊站著一排來自賓州鋼鐵工會的代表「鋼鐵俠」，以及昔日鋼鐵產業聘請的律師、川普時代美國的首席貿易談判代表萊特海澤

（Robert Lighthizer）。

川普說：「我要找回賓州。」意思是賓州曾經在二十世紀初如此輝煌，現在不該殞落，川普要重振這裡的「昔日風華」。

但賓州鋼鐵公司不是沒有足夠的利潤，而是它的高度自動化無法提供足夠的工作崗位。這樣的難題，也表現在美國所有的產業，包括川普與拜登現在一路扶持的半導體產業、電動車產業，皆為如此。

二〇一八年三月一日川普先宣布：「進口鋼鐵製品加徵二十五％關稅，對進口鋁製品課稅十％。」

我們現在所稱的新貿易保護主義的起點，就在那一刻啟動。

當時極少人意識到這不只是一個違反WTO規定的關稅行政命令，它開啟的是一個挾帶美國愛國主義包裝的保護主義，它扭開的是一連串全球化的逆轉：從鋼鐵、鋁、手機、汽車、電動車……到晶片。由於宣布的美國總統是川普，他的狂傲形象，使我們忽略了這將是未來美國經濟的大趨勢。

不論那位美國總統是誰、選舉時說了什麼。拜登上台後，許多人以為他會取消這些無理的關稅，因為美國費城的大鋼鐵廠是除了澳洲力拓、必和必拓之外，整個鋼板生產過程中獲利最高的終端。這段沉重鋼板的太平洋旅程，只有一個目的——降低成本。因此，不只賓州的鋼鐵公司，包括它出售的對象：波音、特斯拉、高樓大廈建築、美國製的許多高性能鋼製用品……所有的成本及售價均因全球化分工生產而變得更便宜。

但拜登的首席貿易談判代表戴琪表示：堅持關稅，是美國重新布局產業政策的一環。美國前聯準會主席、現任財政部長葉倫認為：堅持關稅，有利於美國對外貿易談判，尤其對於中國。

如果仔細追溯鋼板誕生的生涯，中國可能是個幌子，有利於快速凝聚全美共識推動貿易保護主義。

美國的貿易保護主義一直到雷根總統時代才開始全面轉變，那是繼胡佛總統之後最相信自由貿易、自由經濟主義的年代。雷根總統八年至老布希、柯林頓、小布希、歐巴馬，共歷經了三十六年的全球化及多邊貿易協定。

但那些在已開發國家工業的民眾，當美國走向全球化，工業走向高度自動化，金融走向解除監管號稱金融國際化時，他們被拋得遠遠的。他們付不起大城市的房屋或是房租。找一份在城內微薄薪資的工作，他們得花上一個小時以上、搭乘八十年前的老舊火車，連結一百年前的地鐵，抵達工作地點。

城市內的霓虹燈閃爍，一旁新開的 Whole Foods 有機市場，離他們的生活太遙遠。於是當所有美國主流媒體無視於他們，他們透過網路、透過臉書、透過推特，開始聚集。二〇一六年，他們有了共主——川普。

如果美國主流媒體不論後果，均以「阿拉伯之春」來形容二〇一一至二〇一二年阿拉伯民眾因為通膨透過網路、臉書掀起的體制革命，二〇一六年川普的崛起及當選，何嘗不是「美利堅之春」？

這場革命的第一個特色是愛國主義，由此延伸：北約組織成員國國防預算太少，美國不是呆瓜，一直付錢。

其次是小心中國，它正在崛起；而且它及亞洲人偷走了我們美國人的一切，從產業到工作。

二〇一八年三月，在川普向全球化開出第一槍——課徵鋼鐵及鋁關稅前，美國商務部於二十天前的二月十六日公布「鋼、鋁國家安全調查報告」。這份報告為了反對全球供應鏈，公然把關稅和「國家安全」扣在一起，令反對者無法辯駁。報告大剌剌且粗糙地指出，美國是全球鋼鐵最大進口國，美國國內自二〇〇〇年起有六座高爐及四座電爐倒閉，且自一九九八年起就業人數已大幅下降三十五%。全球鋼鋁產能過剩七億噸，幾乎為美國每年鋼鐵消費量的七倍。

其中，中國為全球產能過剩主要的禍首。美國應針對鋼鐵產品頒布一百六十九件反傾銷及平衡稅措施，在一百六十九件中，被特別點名的中國占二十九件。

調查報告提出建議措施，對全球進口鋼品課徵二十四%以上關稅、對鋁品課徵七．七%以上關稅，或針對特定國家（例如中國）課徵關稅，以及採取配額制等措施。

中國、中國、又是中國。它是美國進口鋼鐵的第一大國？

根據同樣的美國政府國際貿易局（US International Trade Administration）二〇一七年一月至九月的數據顯示，加拿大向美國輸出的鋼材量位居第一，占美國鋼材進口總量的十六%；巴西及韓國緊接在後，分別占十三%及十%的進口份額；俄羅斯與墨西哥各占九%的進口份額，位居第五；臺灣居第八，二〇一七年自臺灣出口至美國的鋼鐵產品金額為三十六．二二億美元（約新臺幣一千零八十六．六六億元）；中國位居十一，排在臺灣、德國、印度的後面。

中國一直是一個幌子，它的形象看起來大而壞，凡事以反中國為出發點，很容易說服多數美國人。

川普片面實施鋼鐵關稅；後來被中國告到WTO。但直到四年又九個月後，二〇二二年十二月十日才被WTO組成的三人小組，裁定美國的關稅措施不符合WTO規則，「建議美國調整合乎規範」。

這個美國一手創立的全球貿易協商及裁判組織，如此軟弱無力地回應。

而原來的大老闆美國貿易代表署（USTR）在反駁WTO聲明中則盛氣凌人，它的聲明如下：在「中國」產能過剩，對美國鋼鋁業及「國家安全構成威脅」時，美國不會「坐視不管」。「我們不打算因為這些爭端就取消依據二三二條款（Section 232）課徵的關稅。」

美國鋼鐵業同樣批評WTO三人小組：鋼鐵製造商協會（Steel Manufacturers Association）表示：支持美國政府拒絕接受WTO小組做出的結論。

這場鋼鐵稅的大戲等於一舉推翻了美國三十多年來篤信的經濟自由化，也等於廢了WTO。至今，除了隸屬USMCA（北美自由貿易協定）的加拿大和墨西哥，以及日本、歐盟被豁免之外，二〇二三年三月仍和美國舉行聯合軍演的韓國，以及巴西、臺灣、印度，都仍未被免去鋼鋁稅。

被課徵關稅的豈止中國。

弔詭的是四年過去了，從二十五%的關稅實施後，住在費城郊外的貧窮工人，還是繼續他們通車的苦日子。現在AI正式進入工業領域，當人工智慧出現時，他們將更沒有希望。注定貧窮，注定邊緣，只有在川普需要他們發聲、抗爭時，他們才能成為主角。

昔日風華從未出現在賓州，一天都沒有。

那塊鋼板的旅程，也絲毫沒有變動。

二十五%的關稅，由購買的大公司吸收三分之一，半成品製造地例如韓國、臺灣吸收三分之一，波音公司等吸收三分之一。中國不是最大受害者，而其他受害者除了韓國及德國，皆悄悄不語。

尤其臺灣。面對美國，臺灣向來的答案不論美國要求什麼，都是Yes。因為我們的國家安全完全繫乎美國是否願意軍事保護，答案雖然模糊不定，且在美國總統的一念之間；但它是臺灣唯一命繫的依靠。

歷史總是以我們以為偶然的方式發生，隨著時間推移，我們才發現它的持續性和必然性。

歷史也會以欺騙及包裝的手段，帶著人們不知不覺航向河的對岸；等驚覺時，才意識到原來我們已經走了那麼遠。

但經濟及追求利潤往往超越政治的挾持。各產業皆以追求最大的利潤為目標，所以澳洲的力拓永遠不會轉型製造粗鋼或高階鋼材。不管AUKUS如何發展、澳洲政府如何親美，這件事情永遠不會發生。

經濟很務實也很現實，它是硬道理。一塊鋼板的生產需要大量便宜的勞工、高污染的焦煤及石灰石，這不符合澳洲利益；澳洲也做不到便宜的鋼板生產。

因此粗鋼必須在開發中國家製造（中國、越南、印度），成本才能低；半成品高階鋼又必須移至韓國、日本、臺灣，技術才能優良又不會太昂貴。

美國想打破這樣的供應鏈，談何容易！經濟以鋼鐵式的智慧製造了一個金箍咒，套在白宮的上空，狠狠抓住美國歷任總統的頭頂。

這一塊鋼板的旅程，象徵二十世紀中末期至二十一世紀前二十年，跨國公司精心以市場那隻看不見的手擘劃的完美供應鏈。川普、拜登……都打敗不了。他們頂多成為這條供應鏈的搗蛋者。

7 川普再見了嗎？No！

「今晚最新消息，另類右派、白人種族主義大遊行！請看這個畫面：遊行群眾高喊『猶太人無法取代我們！亞洲人無法取代我們！……西裔人無法取代我們！』」

二〇一七年八月十二日，美國維吉尼亞大學周遭發生了一起白人種族主義者與反種族主義者的群眾衝突事件，美國公共廣播電台製作一部紀錄片《分裂的國家》，一開頭引用這一段抗議畫面，稱：川普玩弄自己族群基本盤的結果，將一個美國分成兩個世界。

共和黨民調專家的評論：美國在南北戰爭、大蕭條的時候，可能更分裂；但那個時候的人們，都對未來保持希望。但現在，這麼巨大的鴻溝，不可能了。

人對於歷史，往往挑選著記憶，對於當代發生的事，又過度誇大。我們總以為自己經歷的是唯一，是最殘酷的，甚至是某一個特定的人造成的。

美國正式分裂成兩個社會、兩套價值：總統只為其基本盤而服務，的確從川普當選總統宣誓那一刻開始。

但川普的當選，是美國白人種族危機感的結論，而不是原因。白人的種族危機感，在過去二十年早已存在，在歐巴馬任內進入高峰，在未來三十年內，只會愈來愈強。

它不會隨著川普落選，或是任期結束而落幕。

即使拜登當選下屆美國總統，試圖在國內倡導多元價值，種族宗教和諧，也只是緩和了暫時的氣氛。甚至，因為川普本身可笑詭異、有點丟人又無能處理 COVID-19 的形象，才幫助民主黨僥倖當選。一切只是偶然。

「誰是美國人？」就和當年德國問：「誰是日耳曼人？」一樣，這樣的「排斥性愛國主義」，將主導未來美國政治至少三十年以上。而且伴隨資本主義的分配不均，全球化枝幹裂解，彼此相互依存，終而取代任何民主價值，成為美國最核心的概念。

這個以白人新教為核心的價值觀，自美國立國以來即根深柢固至今。只是當美國白人的人口降至六十・一％，尤其七十年前美國狂喜擁抱的全球化中世界領導者的身分，全在二〇〇八年金融海嘯中一一瓦解，白人的危機感，如今已是火山噴發，再也壓不住了。

金融海嘯潮退後，那些認為自己才是美國人，其他美國「公民」是威脅者的白種人，突然窺見了自己族群及宗教未來的「死亡」。

三十年後，他們不再是多數人口；三十年後，美國國會刻上的「In God We Trust」，可能被要求拿下；三十年後，美國總統宣誓就職儀式，可能不再對新教聖經宣誓。他們的國家現在已經走在迷失的路上，將沉淪至永恆的黑暗。

川普總統是上帝的旨意，他是帶領者，帶領美國回到當年的價值，「沒有任何人可以摧毀我們」、「Make America Great Again」（讓美國再次偉大）、「一個民族正在宣告，向上帝宣誓，美利堅的豐富，不會死亡、不會毀滅，我們現在如陰影籠罩，但我們將擁抱陽光」、「去××，你的××，混蛋×傢伙，蓋上我們的高牆。」

川普宣稱的這堵牆只在美墨邊境嗎？它更重要的是蓋在美國人心

內部，蓋在美國與亞洲、與拉美、與羅馬天主教廷、與歐洲……之間。

美國人對於國家認同的重要性，在不同歷史階段會不斷移動。美國富裕強盛的時候，例如二戰之後，尤其一九六〇年代之後，次國家認同（我是紐約人、加州人、德州人）、雙重國家認同（我是德裔美國人、愛爾蘭裔美國人、希臘裔美國人），特別是跨國認同，開始和國家認同並駕齊驅。

但九一一恐攻與金融海嘯，改變了一切。二〇〇一年，紐約象徵世界地標的雙子星大樓倒下，美國愛國主義占了全面上風；再到金融海嘯，正如巴菲特的名言，潮退了，美國人發現「他們是沒有穿褲子的民族」。

自從二〇〇八年金融海嘯後，美國內部分成兩種聲音：

(1)一%VS九十九%：檢討資本主義、華爾街，以及貧富差距。這股力量主要是年輕世代，他們自二〇〇八年先支持黑色皮膚的歐巴馬、討厭希拉蕊；接著二〇一六年支持桑德斯；二〇二〇年力量更大，民主黨的兩個左派候選人加起來的支持度，已經遠遠超過拜登。

(2)但請別忘記，希特勒是在大蕭條中崛起的政治人物，他的國家主義聲浪旗幟一出，一舉打敗了從左到右的傳統力量。美國自建國以來，歷經了南北戰爭、數次本土性金融風暴，一八九五年GDP首度超越大英帝國，一九四四年美元正式成為國際貨幣，一九四五年成為從軍事到經濟、外交、文化……世界上最強盛的國家。

近三百年的風雨也好，光榮也罷，美國人的實質認同一直都停留於盎格魯—新教文化的美國信念。它包含了英語、基督教、宗教使命感，當然也隱含了對非英語、非基督教及非白人種族的排他性。

這樣的核心價值，近三百年來是區分美國人與其他族裔的主要特徵。這群「真正的美國人」害怕來自拉丁美洲與亞洲的新移民潮。

在最新完成的人口統計，美國白人只占六十%左右。亞裔是過去十年美國境內人數成長最快的族群，總數達兩千兩百八十萬，比十年前多了三成。拉丁裔占總人口十八．五%，近五分之一，非裔美人占十二．五%。

危機就在遠方。

同一份人口普查，十六歲以下的青少年白人人口，已經跌落到青年總人口半數以下。二十五年後，美國的主要人口，不再是白人、不再是基督上帝的子民。這個時間表，幾乎和香港結束「一國兩制」的時間表差不多。香港青年世代以絕望的手段抗爭，美國的白人，尤其帶著宗教使命感，他們怎麼不會「憤而起義」？

請別搞錯，他們效忠的不是川普，而是美國的核心價值。

美國著名的政治學家杭廷頓寫了一本充滿美國危機意識的書籍：*Who Are We?: The Challenges to America's National Identity*（臺版書名為「誰是美國人？」：族群融合的問題與國家認同的危機）。

在他的分析中，那些擁抱世界主義、跨國認同的美國人，多半是菁英分子。他自認是以「愛國主義」的身分寫這本書，雖然他強調了法律、平等、自由、個人權利等價值，但這些偉大價值實現的前提是：美國人應該重新承擔起復興「盎格魯－新教」文化的責任。

他的論點，我閱讀之後，莞爾一笑。

我一生從不相信愛國主義者，而他也如此坦率說出了許多美國人不敢直視的真相。他再度證明我一貫的論點，當一個人宣稱他是愛國主義者時，小心！他的思想裡，必有毒素。

杭廷頓論點最大的價值是告訴那些被洗腦的人們「美國絕不是民族大熔爐」，以及金融風暴如何加深了美國人認同的危機感。

除了和他們價值完全不同的中國，在二〇〇八年崛起成第二大經濟體之外，最重要的是那群還在堅持跨國認同、全球化的，全是菁英分子。他們都是一%，或是替一%服務的人，他們或是窩在華爾街，把美國人的錢洗出國外，或是已把工廠外移至亞洲。接著再簡化，這些人和中國勾結，偷走了美國人的工作，他們合夥「殺死了美國」（Death By China）。

二〇二〇年中，美國《紐約時報》來到一個佛羅里達州的小村落。一個由多數退休白人組成的群村，白人在此占九十八%人口，這裡也是川普的地盤。高爾夫球車是他們的標準交通工具，打高爾夫之外，喜愛高談闊論發表政治見解。

這裡的人時間一到，即回家看福斯新聞台。他們認為「自由派思想」已經入侵美國大學校園，讓美國逐漸崩毀，社會道德徹底淪喪，你看我們以前是……和現在相比，美國快要變成……如羅馬帝國，毀滅了。

看起來頗有教養的他們，喊出「白人力量」、「USA! Trump」。在他們眼中，川普和美國信念是畫上等號的。

而在美國，所謂「自由派」和我們這裡的意思不同，它代表「左派」，也就是——共產黨思想。

之後川普把「白人力量」、「USA! Trump」的遊行活動影片擺上自己的推特，並且加了一句「感謝群村居民支持！」幾個小時後，各方批評湧至，川普刪除推文。

但真正的情緒和信念，是不會被刪除的。它只會隨著白種人愈來愈少，中國經濟一直沒有崩潰，美國的工作勢必無從增加……所有國內、國際、及科技發展因素合起來，危機感愈演愈烈。

那是一個無法阻止的Space X，墜落海底，再回收，再度發射。

川普現在似乎在全球受盡罵名，但他是美國最反移民、反其他族裔、縱容白人力量的總統嗎？

當然不是。美國歷史上，簡直數不清。所以近日，雕像一個一個被拆除。

然而所有的意識形態都不是砰的一聲崛起，它如火山灰火，悄悄耳語，淡淡堆起，然後才震驚了現實世界。

民族國家一直是十九至二十世紀核心的概念，「地球村」只是某一個西方經濟擴張最繁華時期，短暫的誤會。美國只要衰敗，它隨時要收回。

率先在一九六二年提出「地球村」詞彙的是加拿大思想家麥克魯漢（Marshall McLuhan）。前所未有的科技、生產鏈改變了人類，繁榮了亞洲，榮耀了美國軟實力，但也削弱了美國經濟一枝獨秀的地位。

美國汽車必須和德國汽車、日本汽車、義大利汽車……比技術、比價格、比造型；美國製造業必須和亞洲勤勞且聰明認分的勞工，比成本、比效率、比能力。美國在生技、人工智慧、石化產業、鋼鐵技術……仍然遙遙領先世界，但那不足以養活所有美國人，尤其美國白人。

當臉書等社群媒體出現，同溫層出現，那古老的白人力量號角，透過非社會的社群媒體凝聚，少數人獲得不成比例的聲浪，然後跌跌撞撞地又把我們打回形塑十九、二十世紀的民族宗教認同。

一個世紀，一場夢。
二十世紀，兩場大戰，一場冷戰。死亡近億人口。
二十一世紀，難民潮又達到二戰後最高峰。Who cares？西方誰在乎？他們不是美國人，尤其多數不是基督徒。
人類從二十世紀爬出壕溝，翻過沙包，腕上錶針，滴滴答答，歷史學家不能回答的問題，白人的力量幫你回答了。
冷戰時代期盼柏林圍牆倒下的希望，民主、自由、和平，如今全消失了，剩下塗鴉。
只有塗鴉。

8 共和黨信念的組曲

一九九〇年十二月，我站在拉什莫爾山，冬日的夕陽快落山頭，赤紅的一輪，照在美國總統雕像山。夕陽染得遍山遍野，隨著時辰移動，紅暈或暗影，分別投在四位總統雕像上。陰影剛好投在林肯總統的臉頰上，老羅斯福總統雕像則折射了浴血般的赤紅。

一九九〇年時才三十二歲的我，當時沒有看到什麼預言。心裡想的是這麼多美國總統，為什麼是這四個人？尤其老羅斯福？

二〇二〇年六月，因為「黑人的命也是命」的運動，老羅斯福總統在紐約歷史自然博物館的雕像被移除了。他生前的名言之一是：「自由的消亡，最多只需要一代人。我們無法將自由通過血緣傳給我們的子孫，它必須被爭取、被保護、被傳承，被一代又一代人捍衛。」

老羅斯福紐約歷史自然博物館的雕像豎立於一九四〇年，經過了好幾代，快八十年了。當時為了紀念和他並肩作戰的印地安戰士及非洲戰士，坐在馬上出擊的英勇羅斯福總統，馬姿左右前面各站著印地安及非洲武士，雕塑家以為這代表不忘這些底層戰士的功勞。可是在那個種族極端不平等的年代，紀念他們的方法，當然總統高高在上，他們得站著，隨侍在側。

八十年後，這個雕像被拆除了。對種族不平等的抗爭，反撲了過往以為是美好的古蹟。老羅斯福在當代某些美國人眼裡，突然不配當成偉大的總統。

總統雕像山上的另一位人物林肯，也是共和黨在美國歷史上最偉大的人物，他的地位目前還在：但他的黨已經搖搖欲墜。

二〇一六年三月《時代雜誌》封面故事是一個墓碑，墓園裡躺的主人翁叫——共和黨，生於一八五四年三月二十日，歿於二〇一六年三月二十日。

二〇一六年三月，川普的對手，一一退出初選，他即將成為共和黨總統候選人；而《時代雜誌》封面故事在此之前，已預告：那個林肯總統的共和黨已經死了，未來的共和黨只是川普的黨。

《時代雜誌》的觀點是：共和黨創立初期，是一個相信自由勞動力可以帶來強烈的生產動機，奴隸制度阻礙了社會階級的流動，而且剝奪了「南方貧窮白人」的發展。奴隸制度的廢除，可以提高社會生產力，也幫助窮困的白人。

共和黨建立之初的口號是：「自由的呼喊之聲，已經響起，這不只是將自由分給黑人，更是保障白人的自由。」

共和黨成立之後第一位總統候選人約翰．弗里蒙特（John C. Fremont）於一八五六年參選，喊出的口號：「Free Speech, Free Press, Free Man, Free Labor...」。他沒有當選，但四年後一八六〇年林肯當選了。

正因爲對照當年 Free 的回溯，如今川普反移民，與「白人力量」呼應，鼓吹貿易保護主義，破壞言論自由的假新聞作風……於是，《時代雜誌》直接宣告：共和黨，死了！

但共和黨是川普參選之後，才莫名奇妙激進化，成為白人種族主義借殼上市的政黨嗎？然後才宣告死亡嗎？

當然不是。

如果從政治史的角度觀察，近代共和黨的激進化，早在二十年前小布希參選總統時就開始。當時面對民主黨總統候選人高爾，小布希左看、右看、直看、橫看，不論全國性民調或是選舉人團制調查中，都沒有當選的機會。

一位政治天才，也是競選謀略家出現了。喬．阿爾博（Joe Allbaugh），他的名字顯然少人知道，但他徹底改變了美國歷史，及美國民主政治的本質。

首先，阿爾博打破了「中間選民」的概念。他認為美國每次總統大選投票率，差不多僅五十至五十五%左右，剩下近四十五%選民根本不是總統大選的對象，因為他們不投票，把自己廢了；這群人，不必理。

經過阿爾博的交叉分析，中間選民、年輕人、拉丁裔，正是這群人，選舉中的廢人。過往的選戰思維太過度重視中間選民，以為必須要共和黨支持者加上中間選民，選舉才能贏；但美國的選舉現象早非如此！為了「討好」不知道在哪裡、會不會來投票的「中間選民」，共和黨不敢提出「堅定」的主張，過度溫和的結果，既不見中間選民的蹤影，共和黨支持者也失去了熱情。

阿爾博把民主選舉當數學，而非價值制度。他認為只要全美二十九—三十%選民狂熱支持小布希，小布希就會當選；剩下的七十%選民，完全不必理睬。所以競賽的答案是強化共和黨支持者的熱情，提高他們的投票率……不是中間選民。

於是反墮胎、強化新教價值，還有找鷹派錢尼當副手，這些才是贏的策略。

小布希在共和黨初選內先小試牛刀，他以民調六千多份在一場本來落敗的北卡初選，變相造謠：如果參議員約翰·麥肯（John McCain）

家中的黑人女孩是麥肯和黑人情婦所生，你還願意支持他嗎？

麥肯家族在亞利桑那、北卡這一帶有極高的聲望。這是一個以愛國、正直著名的家族。麥肯的祖父是四星上將，父親是太平洋司令，他本人是越戰英雄。他是一切的傳奇。

當小布希以謠言式的民調散播各地時，麥肯的黑皮膚女兒剛剛開始上學懂事。這個女孩是麥肯的妻子追隨泰瑞莎修女於孟加拉飢荒時，帶回來認養的孤兒。吾家有「黑女」初長成，麥肯選擇不痛擊小布希卑鄙，而是保護自己認養的女兒。他相信民主政治，他相信選民，他更認為「美國是一個偉大的國家，經過奴隸制度廢除近一百四十年，偉大的美國人民不會做出錯誤的判斷。」

當高尚與卑鄙交手時，我們後來愈明白民主政治保護不了高尚，而是往邪惡傾斜。

麥肯輸了。

麥肯的愛國敵不過美國根深柢固對種族歧視的心靈，黑暗的白人之心，贏得了勝利；沉默、偉大的麥肯，被狡猾的軸心團隊打敗了。

贏得初選之後的小布希開始更大幅度的往福音派、新教組織、石油公司、好戰主義移動。共和黨要再度領導美國成為世界上最偉大的國家，高爾的全球暖化呼籲，只是邪說，他會一舉拉下美國的地位。我們不欠地球什麼！相反地，我們是世界的拯救者、道德的拯救者，上帝就在此，審判那些墮胎、敗德的異教徒。

那場大選，小布希雖然在全國投票中輸給了高爾（四十七．九%VS四十八．四%），但在選舉人團投票時贏得了爭議的佛州，成為美國總統（共二七一席對二六六席）。在出口民調中顯示：共和黨的投票率接近六十五%。

阿爾博對了！沒有激進的路線，小布希根本沒有當選總統的希望。

但阿爾博的策略，也同時葬送了民主制度的基本價值。他的聰明，剛好是他的背叛。

民主的基本假設是各方透過選舉競爭，提出主張，為一個國家尋找對話及共識。因此經由一場大選後，它不是政治大屠殺，而是彼此的距離更近、理解，以及民主政治必要的相互妥協。

因為只有獨裁專制，才有所謂的真理。

但阿爾博以及他影響之下的小布希團隊、共和黨，食髓知味了，二〇〇三年發動伊拉克侵略戰爭，以「大規模毀滅性武器」為藉口，搶奪油田。

每一次的美國總統大選，從此成為撕裂、互指邪惡，最後攻擊膚色（歐巴馬）。

二〇〇八年當金融危機暴發，共和黨全面崩盤。共和黨的答案是比小布希更激進的「茶黨」。茶黨出現後，一些荒謬主張一一出爐，包括質疑歐巴馬的出生地。

歐巴馬的膚色，加深了茶黨提倡的白人種族危機感。他們壓根忘了，歐巴馬的媽媽是白人，把他在夏威夷養大的外公外婆也是白人……他是一個在白人社區長大的黑皮膚小孩。

激進的列車向來不容易停止。在社群媒體的推波助瀾下，共和黨快速由小布希路線，變成茶黨，然後二〇一六年茶黨的口感太淡了，不。川普！史上最唱作俱佳，口語不用修飾，這位與林肯、老羅斯福、傑克遜、華盛頓格格不入的角色，走進了白宮。

當然，也埋葬了半部美國憲法。

討厭川普的美國選民，連一天的榮耀也不準備留給他。二〇一七年一月寒風刺骨，上午就職典禮，下午五十萬人大遊行喊出：「你，不是我的總統」（Not My President）。

川普現象是美國的墮落嗎？

美國人塑造歷史有一個特色，只留下偉大的時代記憶，其他直接「遺忘」。老羅斯福總統會成為美國最偉大的總統之一，因為在他的年代，美國一舉站上世界GDP第一，打敗大英帝國。但也在他主政二十年前，美國驅逐愛爾蘭移民並且沒收財產，從不曾反省。

我們現在看到川普反墨西哥、拉丁、亞洲移民。一百四十年前，在美國「信念主義者」眼中，愛爾蘭也不行！他們可能因為天主教信仰，勾結外國勢力，尤其羅馬教廷。十九世紀末美國對他們的迫害、排擠與歧視，甚至加入了《紐約時報》。一八八六年自由女神像剛剛安置於紐約自由島，漂洋過海來到哈德遜河上，河水奔向大海，而自由沉入水中。一八八七年，不到七個月之後，《紐約時報》即刊登社論：「我們還要接收多少歐洲難民？」他們又髒又臭，他們帶來瘟疫，滿城的細菌將殺死「我們」大家。

一八八六年起，剛好也是一場本土性經濟大衰退在美國出現。除了愛爾蘭移民外，下一個算帳對象是華人。

美國狂野的西部從西雅圖開始，則進入令人毛骨悚然的地步，到處都有中國人被白人殺死。

經濟大衰退使白人求職變得極為困難，工廠為了降低成本，決定把當時從廣東找來修鐵路的華人，聘為雇員。

這些被稱之為「天朝人」的移民，完全不覺大禍臨頭。在一些美國當地媒體鼓吹下，「黃禍」來得又急又猛，失業的白人發起狂熱運動，各地的唐人街被付之一炬，白人組織國民兵「剪辮子隊」，他們不只剪掉天朝人的辮子，殘酷到連頭皮一起剝掉，大笑不止地看著天朝人痛苦的死去。根據記載，最極端的例子是一名暴徒割下了一個中國人的生殖器，拿到一家餐廳燒烤，他說：味道如雞蛋。

短短時間內，或殺或逃，中國人在美國西部的人口由十一萬人，銳減至六萬人。

屠殺之後，美國正式立法反華。到了一八八七年，每年赴美留學或是工作的中國人只有十人。

這已是林肯總統廢除奴隸制度之後，二十年。美國的種族意識，從未真正消失。

當時在美國北卡大荒原野中，正有一名刻意被三一神學院栽培，只讀了三年書，本姓韓，為了年齡限制留下竄改證件成姓宋，全名宋查理；他以傳教士身分橫穿美國，抵達舊金山直接上了太平洋郵輪的蒸汽船，駛向上海。

他抱著對西方無比的渴望，對衛理公會激動的感激，回到中國。他渾然不覺、也毫不知情地躲過這場災難。

豈止他！豈止宋氏王朝的家長宋查理！擅長創造遺忘及偉大的美國人，也似乎跳過了長長的近二十年的排外史。

直到美國經濟再崛起，成為世界第一！直到自由女神，成為永恆的神話。

二〇〇八年金融海嘯來了，美國更偉大了，這一次故事必須更全面，更戲劇性！

它不只是一百四十年的循環、複製。

它是美國信念的組曲。

你現在只讀到第二樂章。

9 拜登：迷你版的川普先生

他們說：「關於全球化，我們再也回不去了。」

他們說：「全球化剝削了貧窮的弱者，富裕了強者。」

他們說：「中國是全球化的代名詞，如特洛伊木馬，每一個國家都因中國，工廠如廢墟，讓全球化、讓中國死吧！」

金融風暴之後，世界的變化如雪崩降臨我們每一個人的頭上，人們嚇呆了，來不及思考。眾多口號、反省，一一響起。其中之一：反全球化！

這個口號結合了川普的煽動力，及指控的「犯罪」對象是中國，成為顯學。

如果我告訴你：人類歷史第一波的全球化，始於七世紀，始於威尼斯及阿拉伯商人。當時地球上還沒有一個「偉大」的國家叫美國，中國也才剛剛躍上世界歷史舞台以唐朝的身分出席：而此波的全球化主角是威尼斯及阿拉伯商人，唐朝長安城只是絲路的終點，相對而言，是一個陪襯角色。你會不會重新思考當代對全球化的反省，呈現了「一無所知」的荒謬？

如果我告訴你這兩百年歷史，是人類歷史上全球化最快速的發展階段。第一個一百年主導者是大英帝國，第二個一百年主導者是美國。中國在這兩百年中，多數時刻是貧窮、沒落、任人宰割、內戰、自己胡鬧革命，它進入全球化的生產鏈，僅僅勉強是最近這三十年，而且從來沒有主導的位置，只不過是生產鏈工廠訂單角色，如全球化過程中一名能幹的幫傭者。你會不會覺得我們對於全球化的認識，正如邱吉爾的名言：「當謊言已經環遊全世界時，真相還沒穿上褲子」？

英美在全球化浪潮的領導地位交接時間，大約落在一九二〇至一九五〇年之間，尤其一九四六年之後。

一九三九年二次大戰爆發之前，英國靠著大英帝國東印度公司，早已把世界整合成接近單一市場，前後約莫一百年。從十九世紀初，至中旬發動鴉片戰爭，打敗十八世紀GDP曾占全球三分之一的中國清朝，一直到二十世紀初期。當時的大英帝國又稱日不落國，地球凡是太陽照射的地方，都有英國的領地。我們熟悉的殖民主義，正是那波催化資本主義全球化的主要力量。維持當時全球化的支柱，除了東印度公司，主要依靠的是英國銳不可擋的強大軍艦及各殖民地的駐軍。

戰爭是地獄，一舉拖垮了屬於英國的風華世紀。二次大戰後，百孔千瘡的英國從全球最大債權國成為對美全球最大債務國。邱吉爾下台之後上任的艾德禮首相派遣特使經濟學家凱因斯勳爵（John Maynard Keynes），希望說服美國總統杜魯門免除一半債務，另一半無息貸款。

那場改變歷史的戰爭，美國是唯一在戰爭中發了大財的國家。美國成為全球糧食、軍火及所有製造業的世界工廠。美國的經濟空前繁榮，年度國民生產總值從一九四〇到一九四五年，翻了一倍，自一千零二十億美元成長至兩千零一十四億美元。失業率從大蕭條後期十四・六%，不到五年下降至一・二%。

這場如地獄般的戰爭，人類至少死亡近六千萬人，血淋淋的屠殺以集體滅種形態出現；而美國卻終於揮別了糾纏近十二年的大蕭條。

歷史學家艾瑞克．霍布斯邦（Eric J. Hobsbawm）稱「只有美國才是這場戰爭的獨吃大贏家。」

丟下兩顆原子彈，結束二戰，曾經自卑、此刻自信無比的杜魯門總統定下了美國歷史的分水嶺，美國不再回去戰前的「孤立主義」傳統，對世界開始輸出：民主理念、自由貿易、開放市場。

杜魯門定調第一個輸出美國價值的國家，是戰敗的日本。他派了自以爲是又討人厭的麥克阿瑟將軍對付日本天皇，以不送交戰犯審判留下天皇的頭，換取日本徹底拋棄封建制度，走向和平憲法，及所有屬於美國價值觀下的「現代化」。

杜魯門第二個對付的對象，是破產的大英帝國。前美國駐蘇聯大使查爾斯・波倫（Charles Bohlen）曾經形容杜魯門是「我生平所見最無情的人。」英國在戰爭結束時總債務約一百四十億美元，當時凱因斯向剛剛上台的工黨寫了一份報告：英國很難撐過五年，沒有外匯儲備，戰爭時期所有的工業全部集中於軍事產品，需要很長的時間才能恢復工業及糧食生產。「錢，從哪裡來？」

英國退無可退。凱因斯成為特使，也如乞丐，代表英國女王及首相向美國正式請求一份十五億英鎊的禮物，以及三十五億英鎊的無息貸款。杜魯門一口回絕，談也不談，只給了一筆利息二%、三十七・五億英鎊的貸款，附加兩個要命條款：英國必須放棄對其殖民地的帝國特惠關稅制，以及英鎊必須在一年之內成為可自由兌換的貨幣，且未來償還美國貸款的利息及本金，都必須用美元在五十年內償還。

英國舉國將此條件視為美國對英國的「經濟侵略」。一九四六年之前，英國並沒有準備放棄「帝國榮耀」的想法，但這意味著英國每年為了海外駐軍得支出兩億英鎊，以鎮壓各殖民地反抗者。而由於財政破產，軍費將毫無著落。戰後的英國，海內外皆滿目瘡痍，這個榮耀了一百年的國家在飢餓、負債中，到了一九四六年底看著英鎊開放自由匯率後大貶，海外軍餉發不出薪資，各殖民地一個接著一個獨立。

如莎士比亞的寓言：我要千遍禱告讓你死，也不祈求一字救你的命。

從此二十世紀全球化的主導者，正式全面易主為美國；從國際政治、經濟、市場、軍事力量、到文化軟實力。

杜魯門剛上台的時候，是巨人小羅斯福總統突然心臟猝死的時刻，沒有人看好他。小羅斯福猝死，美國人在悲傷之餘，突然發現他們迎來了杜魯門。當時有句非常刻薄的名言：「什麼？杜魯門成為總統？那我家隔壁擦鞋的也可以！」這位出身密蘇里的普通人士，本來也只有一個普通抱負——開個裁縫店。結果那個小店在大蕭條時倒閉了，他因為當地的三K黨、一個名聲接近騙子的大亨，莫名其妙地當上參議員；又因為小羅斯福為了競選破例第四任總統，找了他，只為了增加選票。當選之後，據說兩人僅見了幾次面，羅斯福還在出發雅爾達會議前，以漫不經心的語氣告訴杜魯門：「除非情況非常危急，否則不要煩我。」

或許，人原本的卑微會逼迫一個人決心做出突破。杜魯門把美國帶到了今天我們所認識的美國，他的全球市場布局使美國又發生另一個歷史上最長的經濟擴張期，從一九四五至一九六八，共長達二十三年。二十世紀六〇年代時，美國許多歷史學家稱讚杜魯門，「一舉改變了美國，接近偉大的總統。」

一切直到一九六八年隨著反越戰運動，戰後嬰兒潮帶領社會力量的釋放，從反戰、民權運動、搖滾樂，以及許多人忽略的同時發生的全國大罷工，歷史才從此戲劇性的轉折。

在大西洋及太平洋兩岸，美國戰後的馬歇爾計畫扶植了西德、對外輸出的現代化則扶植了日本。這兩個在戰前早已具備工業化基礎的國家，因而迅速崛起。美國在全國大罷工製造業癱瘓之下，一群工廠資方老闆做了一個改變歷史的決定——關廠！

他們拒絕和工會談判，決定將生產線移至日本。

從此開始了亞洲融入全球生產鏈，而不只是殖民地剝削物資出口的歷史故事。環太平洋地區（Pacific Rim）迎來歷史性的時刻：七〇年代日本成為世界工廠之一，臺灣分了一杯羹，成為衛星工廠地。

三重一條街上，家家戶戶形成生產線，客廳裡辛勞的媽媽帶著孩子縫袖扣、折包裝；楠梓加工出口區的女孩聽著鳳飛飛的歌聲，在平實又帶著一點點對命運的幻想中，開啟了臺灣的新年代。

那一波的美國工廠外移，打破了馬克思主義者及左派對勞資抗爭的認識，原來沒有盡頭的激烈抗爭，換來的不是資本家的妥協，而是徹底的背叛。他們走了，走向日本、走向西德，再由其輻射至亞洲四小龍。

根據諾貝爾經濟學獎得主孟岱爾的統計，美國經濟從此開始緩緩下滑，美元發生了危機。一九七一年，尼克森總統正式宣告美國撕毀一九四四年布列敦森林會議和全球四十個國家簽署的美元協議。一九七六年，美國正式成為貿易逆差國，國力開始衰退。

而當時的中國還在鬧十年未結束的文革，毛澤東即將死去，四人幫正要上台，深圳只是一片荒土。

中國融入亞洲生產鏈，不只是後來加入ＷＴＯ，更重要的是美國在一九八〇年代對日本、對亞洲四小龍，包括臺灣，均以國家安全為由發動貿易戰——祭出「三〇一報復法案」。逼迫日圓漲了近三倍、臺幣升值超過三十％……於是曾經出走的生產鏈又開始了歷史性的大遷徙，工廠移至了中國。

之後，才上演了關於中國後來成為世界工廠，所有愛恨情仇的故事。

在二〇〇八年金融危機之前，美國除了工會及少數左派，從未有人質疑全球化、ＷＴＯ、自由貿易以及市場開放。

他們，驕傲得很。

尤其二〇〇〇年之後，華爾街金童一個滑鼠，即可操縱全球資本市場；矽谷科技遙遙領先全球，全球幾乎所有的電腦、軟體、通訊設備皆Made in USA。

他們以為盛世永遠屬於美國。直到次級房貸風暴、兩房危機，最後雷曼兄弟倒閉……失業率十%……美國的神話才結束。

雷曼兄弟倒閉後八年，正如一九八〇年代，美國愈來愈多人開始質疑是「他者」——包括移民，包括歐盟、日本、韓國……尤其中國！

中國人搶走了美國人的工作，中國政府以法律規定外商必須合資經營藉機無恥地偷走了美國的技術，中國殺死了美國的經濟，並且可疑地操縱匯率……

中國的崛起如此不堪，而美國的沒落是一個過度開放、過度相信自由貿易、過度慷慨接受移民的淒涼調。

這首美國偉大的悲傷協奏曲，必須變奏盤旋，並重新來過。而這樣歷史性的使命，必須由一個接近偉大的總統完成——名字叫川普。
是的，關於全球化競爭的自由貿易信念，在美國反全球化的趨勢主導下，我們再也回不去了。
杜魯門擘劃的美國世紀，走向了新的分岔路。
世界變了，但改變世界的答案不是全球化，而是美國不再是全球化的贏家。
老子，不玩兒了！

10 臺海危機是狼來了，還是真實的危機？

戰鼓突然間戰戰兢兢地敲門，遠方的烏克蘭連上了臺灣島嶼。

有人說：「趕快跑！」有人說：「我們願意如烏克蘭戰士一樣英勇。」有人說：「看不到任何戰爭的痕跡。這裡的預言充滿了陰謀，但小心預言，把習近平逼至牆角。」有人沒有太多深入或全面的、包括經濟考量的邏輯，直接說：「二〇二三年中共就會奪島，可能金門、可能馬祖。而最可能的戰爭是二〇二七年。」

CNN先公布了美國戰略與國際研究中心（Center for Strategic

and International Studies，簡稱CSIS）二十四次兵棋推演中的其中一次，再訪問六位臺灣年輕人，「我們發現他們都沒有戰爭的準備。」CNN相當驚訝臺灣政府及民間，對於防禦自己的危機意識如此薄弱。

這可能是繼美國和中華民國斷交，臺灣最接近戰爭的一刻。但當時的美中關係良好，沒有衝突，臺灣關係法雖然尚未通過，除了蔣經國及臺灣少數富人的亡國危機感外，美國國內沒有什麼政要、重要專家學者討論臺海危機。

但這一次是傾巢而出，從期刊《外交政策》（*Foreign Policy*）、《外交事務》（*Foreign Affairs*）到蘭德智庫（Rand Corporation）……各執一詞，結論卻完全對立。

已經一百歲的季辛吉在二〇二三年一月冬季達沃斯論壇上主張：

海峽兩岸應避免不當暗示「即將攤牌」的語言及行動，中國應該避免冷漠式的威脅性語言，雙方應為避戰及和平創造對話的條件。

至於美國會不會參戰？季辛吉薑是老的辣，他不需要討論美國戰略與國際研究中心「基礎模擬」、「悲觀模擬」、「樂觀模擬」、「臺灣孤立無援模擬」與「末日模擬」五個不同的情境；一句話，他直言：美國和中國都是擁有核武器的國家，兩國都會評估衝突的風險。

意思是美國參戰的機率很低。而且一旦戰爭開打衝突，美中臺都是輸家，「沒有一方是贏家」。

「臺海危機論」在習近平於中共二十大中展現的獨霸，他破壞鄧小平、江澤民以來的三大制度，都使得「戰爭危機」更有了具象性。當他命令安全人員將前國家主席胡錦濤帶出場時，那短短的一分鐘如一個巨大的蕈狀雲預言，好似戰鼓已經敲著臺海，於是海上「強制隔離」臺灣天然氣能源，使臺灣陷入一片斷電混亂，甚或最極端的武力攻下臺灣七十天，臺灣成為一片廢墟……不同推論，傾巢而出。

美國戰略與研究中心二十四次兵棋推演之後，美國國防部將九千名陸戰隊士兵撤出沖繩，從第一島鏈撤退至第二島鏈關島。戰略上就是避免美軍傷亡，美國不得不捲入戰爭。

總之拜登上台兩年，加上習近平進入第三任期，兩大國際因素把臺灣擠成三明治絞肉，臺海即將一戰的思維，已經浮現於華府各種政策。

本文的標題是個大哉問，它可以分成至少十篇專文回答……但真實的答案無人知曉。

不過有幾個確定的事實已經發生：打從「臺海危機」突然如大飛碟降落華府後，晶片過度集中臺灣，「已經是世界尤其美國最大的經濟風險。」「美國汽車、工業及高科技、雲端運算、生技產業，包括國防，將陷入癱瘓。」

短短三年內，從川普最後一年，希望半導體回流美國，由三大部會（商務部、國務院、貿易代表署）、九名最高政務官，強逼台積電董事長劉德音點頭，在亞利桑那州設第一個半導體開始，到拜登祭出「臺海危機」，台積電已經承諾擴至第二個廠，而且進階從4奈米到3奈米，兩期工程總投資金額約四百億美元，幾乎是美國史上規模最大的外國直接投資案之一。而且蓋廠及製造成本皆是臺灣的五至六倍。

接下來日本熊本，台積電也被要求在此設廠，主攻24至48奈米，那是日本產業從汽車到手機所需的半導體。理由除了重振日本失去三十年的半導體行業外，還是「臺海危機」，日本風險太大。

美國彭博社一跨入二〇二三年，即列出未來三大議題：能源、晶片、臺灣。

臺灣居然排在烏克蘭之前。

「臺海危機」被如此「召喚」，它至少已經達到了一個目的：世界曾經過度仰賴臺灣的科技生產，它必須從此分散，尤其分散至美國；臺灣的晶片輝煌時代即將邁入尾聲。

在以中國為美國首要敵對國家的論述中，習近平正在認真地注意俄烏戰爭，觀察俄羅斯財政可承受多大的壓力……而西方認為習近平只有比普丁更獨裁。他不只關了異議分子，而且關了中國重要領導人的親信，安個罪名，子弟兵入獄，威脅主子。即使號稱是集體領導的中南海，也噤若寒蟬，那是沒有第二個聲音的「新紫禁城」。

要不要攻打臺灣，在習近平，在他一個人的一念之間。

他，比普丁還危險。

如楊德昌的電影片名：《一．一》。一個人，一念之間。

而外界對於習近平的了解、研究、政策風格、人格特質……是如此地薄弱。

他在當上國家主席之前，把自己的性格隱藏得很好，老一輩的中共元老對於他的謙卑內斂皆疼愛有加。在沒有太多政績下，他頂著父親的豐功偉業及自己的好人緣上台了。然後一連串的反貪，獲得高度社會支持。直到他開始對付民間企業，愈來愈左，監管高科技，介入民間企業管理階層；尤其打破第三任期，加上二十大戲劇性的演出。他任命的常委全是親信祕書背景，創下鄧小平上台後政治局常委歷來實力最弱、過去政績表現最差，一人說了算的領導圈子。

除了政治局常委，習的一切人事安排，包括北京、上海等地方首長，強調的都是個人的政治控制。

但攻打臺灣除了獨裁之外，習近平必須同時是一個不理性、有點瘋狂冒險的人。

他是嗎？

他會不顧國際制裁的後果，不惜一切代價，包括摧毀中國經濟，發動臺海戰爭嗎？

反對說的看法是：二十大之後，習近平積極參與中東峰會；無視美國的ＡＵＫＵＳ，仍然努力改善和澳洲關係。他派特使參與氣候峰會，企圖在國際上建立「正面形象」。這顯然與華府形容他磨刀霍霍要收拾臺灣，形象不符。

習近平近期的疫情政策，更讓人們吃驚他的妥協性。在眾多考量包括中國醫療體系脆弱等，他奮力堅持嚴格動態清零，結果經濟跌入了谷底。當他面對兩百所大學學生的白紙革命，西方大吃一驚的是他沒有選擇「鎮壓」；相反地，他「從善如流」，一轉身，「與病毒共存」。

從此全中國從西部到北京，至少八十%至六十%的人口感染。確診陽的自嘲從此陽地坦蕩蕩，反而陰地戰兢兢。

而大規模死亡，原本是習近平清零最在意的焦點，不清零的結果就是「百萬人死亡」。

政策一百八十度轉變、桌子一拍後，死亡數字乾脆狸貓換太子，不真正公布。

路透社從北京火葬場目擊燒不完的屍體，從東北城市看到家家戶戶辦喪事。

這一波 Omicron 沒有 Delta 嚴重，中國公衛體系比印度好一截。兩國人口數差不多，二〇二一年印度一樣不提供民眾 mRNA 疫苗，甚至AZ也不提供，只給了印度「本土」二期疫苗 Covovax。當時英國 Channel 4 報導，恆河上漂流著千千萬萬的屍體，官方謊稱死亡人數僅六十萬，但WHO估計至少四百至五百萬印度人死於 Delta。

所以，目前我們看到的都不足以概論判斷習近平對「武力解決臺海衝突」的一念之間，會是什麼？

他認為中國能承受如俄羅斯式的SWIFT金融制裁嗎？他認為值得讓中國經濟倒退十至二十年以上，換取武統臺灣並且留下長期且深刻的仇恨嗎？他會成為中國科技從此無法進口先進設備而停滯甚至倒退的罪人？還是他就是一個瘋子，為了追求「歷史地位」，把臺灣打成廢墟、把中國經濟拖垮也毫不在乎？

對於習近平的觀察，各方都還在摸索中；因為他不是普丁，不接受貼身訪問，如謎一樣的深藏不露。但華府似乎已經定論了「臺海危機四伏」，還派出前國防部長告訴蔡英文：臺灣必須延長徵兵制，至少一年以上，包括男性和女性。

中國政府不透明及作假，許多人心中有數。但華府的定論對我而言未必是權威，有時候甚至可能是為了總統個人的利益，捏造戰爭情勢。

舉一個例子。一九六四年，美國總統詹森為了擴大總統戰爭的決策權，先公布一九六四年八月二日北越砲艇攻擊了美國位於越南和中國之間東京灣上的馬多克斯號（Maddox）驅逐艦。八月四日再度由五角大廈發布北越海軍再度對其開火。

八月四日當晚，詹森總統出現於螢光幕前，向全美人民宣告他下令派遣突擊部隊對北越船艦及部隊基地展開轟炸。

這是自艾森豪、尤其甘迺迪駐軍南越一萬七千人後，美國首次對北越大規模轟炸。詹森立即要求美國國會通過著名的「東京灣決議案」（Gulf of Tonkin Resolution），決議案賦予總統「當美國遭遇武力攻擊時，為免於美國受進一步侵略，總統有權運用一切可能方法，維護國家安全。」

這個決議案從此擴大了越南戰事，也隱含了四年後的反越戰運動。但在後來公布的機密檔案中，歷史學家認為第一次的攻擊是美國先挑釁，第二次的攻擊可能「根本不存在」。

詹森的目的是什麼？

答案好簡單也很制式：一九六四年八月再過三個月的秋天，他將要競選連任。他把越戰推成選舉的焦點，當時七十五%的美國人支持打越戰。詹森的共和黨對手高華德一直處於劣勢，他甚至只好加碼喊出：若當選，考慮在河內丟原子彈。

當然，那一年十一月選舉結果：詹森壓倒性的勝利當選。

我從二〇一九年目睹台積電如何被逼著至亞利桑那州投資一個成本增加六倍左右的工廠，一直到現在演變成為「臺海危機」，不得不懷疑「臺海危機」的論述，有一部分是競爭對手例如英特爾遊說，有一大理由是它完全為川普、拜登希望的製造業回流美國，提供完美論述。

所以「臺海危機」是狼來了？是拜登比川普更加碼，為了重振美國經濟的完美戰略？還是實際上它的確是正在發展中的危機？或者它是想像不夠完整的推論，如雙城記般的預言，最後隨著一方誤判，把幻想逼為真實？

答案還在空中飄蕩。沒有人有足夠的理論下結論。

但可悲的是臺灣，已經在世界上成為危機的代名詞。

可悲的是國際戰略家可以夸夸其言，而他們口中的「廢墟」是我們的家園，我們唯一的依託之地。

歷史向來不是如此線性發展。正如二〇〇一年的美國人，在九一一之後，充滿信心及復仇的戰爭意念。當時的美國人民，完全不可能相信二〇二一年美國會倉皇地自阿富汗「戰敗窘境撤軍」。

正如二〇二二年六月烏克蘭向北約遞交申請加入時，除了梅克爾、馬克宏之外，連烏克蘭總統都沒有意識到，這將是一場改變不只俄烏，甚至影響全球能源政策、氣候暖化、歐洲衰退、世界通膨、非洲飢荒、全球經濟衰退的戰爭。

歷史是一個背叛者。

它往往由太多偶然的因素組成，人們在歷史中卑微如昆蟲：無能對抗命運，只能不敢置信地接受任何不幸的結論。

11

四十年的迷途：拜登MIU能成功挽救美國嗎？

某個失落之物，讓這個國家徹底地改變了。

很久很久以前，唐．麥克林（Don McLean）演唱〈美國派〉（American Pie），音樂帶給人們歡樂。人們聆聽他清亮的歌聲，看著藍天白雲，那是一個沒有太多憂愁的國度。

現在許多美國人的生活，面對的好像一片黑暗。他們想灌醉自己，喝到醉茫，但附近連可啜飲的酒吧也一一關門大吉。

當地已經沒有足夠的可以付得出錢的酒鬼，足以支撐一個酒吧。於是手上拿著一朵康乃馨，開著一台破卡車，口袋裡放了一把槍，「我想大開殺戒」，毀掉自己，也毀掉這個背棄我的國家。

美國的槍擊案，每隔一段時間即上演。自二〇二〇到二〇二三年，因為一些瘋狂殺手造成的死亡人數，已經接近九一一事件死亡人數的一半。

為什麼？美國國力衰退了嗎？

美國至今仍然是世界第一強國，不論經濟總量、軍事力量，以及對全球定義什麼是對的、什麼是錯的。

依據國際貨幣基金組織的資料，美國二〇二二年的經濟總量為二十五・〇四兆美元，二〇二一年為二十三兆美元。即使在全球經濟因為俄烏戰爭修正的一年，美國的GDP總量一年內仍成長了二・〇四兆。而曾經被預期二〇三〇年GDP總量將超越美國的中國，自二〇二一至二〇二二年因為各種不同因素，只成長了六千八百億美元，不到美國的三分之一。二〇二二年中國GDP總量僅十八兆三千二百億美元，只有美國的七十三%。

過去鐵口直斷二〇三〇年中國將超越美國成為第一大經濟體，現在除非痴迷中國，已經開始質疑這個可能性。

這算是六年來美中貿易戰，美國的勝利。

但美國的政治在同一時間，卻在烏雲籠罩之下，充滿不安的因子。美國人民很少看見這個勝利的數字。

因為這個偉大國家內，最重要的核心「疾病」還是貧富差距。國家經濟總量的成長，無法掉入多數人民的口袋。在貧窮的深淵中，他們看到富豪的財富正以天文數字增加，私人飛機滿天飛之下，是他們破舊不堪的小屋和老車。

這個幾乎沒有什麼方法可以解決的破碎社會、對立階級，轉成仇恨的種族、狂熱宗教，最後衍生對華府一切制度的不信任。

在「貧富懸殊」之下，所謂的「美國GDP總量」，並不屬於大多數美國人。

所謂的「美國民主」，也並不屬於大多數美國人。

美國國會及總統包括政府機構，被「遊說政治」籠罩包圍，美國著名的經濟學家、諾貝爾經濟學獎得主史迪格里茲（Joseph Eugene Stiglitz）形容：美國不是「一人一票」，而是「一元一票」。

美國不均衡發展的現象，不平等的嚴重性，已經超乎大多政治經濟學家的想像。

四十%的美國人無法承受區區四百美元的意外費用，包括小孩生病或是汽車故障。

在美國的中西部地區，許多小鎮沒有銀行，因為當地太多人窮到沒有存款。根據調查，其中最嚴重的州，十一%的居民沒有銀行戶頭。

他們不是無家可歸（Homeless），也不是乞丐。他們是歷經四十年華府掩起眼睛，假裝「不平等愈來愈嚴重」根本不存在，將近四十年長期演變的結果。

二〇〇八年金融海嘯，「砰」一聲，如槍響，一個一個摧毀了他們最後的一筆資金，最後的棲身之地。

從此他們不再認命，不再沉默。

站起來，只剩一條命，一口氣，他們開始掠奪他人的生命，仇恨「入侵」美國的有色人種，之後擁抱川普。

史廸格里茲認為美國最大的敵人不是遠在亞洲的中國、遠在極地之下的俄羅斯，而是美國內部的經濟及政治根本制度的缺失。

他發表了和美國國務院完全不同的「國安報告」，他認為沒有政治的改革，只要華府不向金權政治說「不」，所有美國的財富只會流向少數人。即使沒有小到一％，但也是流向約五％的人口。

二〇二〇年，我在一場由臺灣「時代基金會」籌辦的研討會中負責視訊直播專訪人在美國哥倫比亞大學的史迪格里茲教授。

那一場對話，我印象深刻。

我事先列出了幾項大綱，傳 Email 給他。他希望有幾個問題我不要提問，其中之一包括美國勞工的「勞動競爭力」。

他想專注於討論如何再造美國的中產階級，這才能挽救美國，包括美國的民主政治。

訪問一開始時，我提到他那位於密西根湖畔的故鄉——蓋瑞市

（Gary）。

在美國的家中，這位地位崇高的諾貝爾經濟學獎得主，臉上露出溫柔的笑容。

二〇一五年他回到這裡參加高中同學會，那一年蓋瑞市的人口只有他高中時期的一半，整個城市，他用「油盡燈枯」形容其哀傷。

蓋瑞市曾經是鋼鐵大城，在他念小學的時候，高中一畢業的居民，少數出外念大學，大多數即進入當地美國最著名的美國鋼鐵公司（US Steel）上班。那是美國資本主義的黃金時代，全國失業率僅百分之一．二至一．五。而蓋瑞市是世界上最大的鋼鐵廠的座落地。

高中時期，他們在蓋瑞市歡笑、狂歡、醉酒，唱著搖滾樂，哼著American Pie的曲調，或開著有錢人家同學的敞蓬車呼嘯街頭，或在小酒館裡吹噓愛情故事。

沒有人預料到後來蓋瑞市如死城般的悲劇。

高中即將畢業那一年，美國正好進入一場經濟衰退，蓋瑞市居民安穩的人生變了曲調，一些無力支付大學費用或功課不夠好的同學只好選擇從軍。

生命的軌道從此因為經濟衰退，他們自密西根湖畔一路飄流至越南，一個他們從來不知名的前法國殖民地，然後這些人年紀輕輕就在遠方的戰地中一一死去，成為越戰紀念碑上的名字之一。

史迪格里茲在同學會的簽名簿上，先看到註明死亡的同學，他知道為什麼，他充滿了悲傷。

接下來走入聚會地點，在場的同學拖著疾病的身軀，向擁有莫大成就的他致意。

他感受的不是得意，而是在同學們身上看到因窮困帶來的提早老化及失去健康。

那場同學會在他的腦海裡留下深刻的烙印，並且在夜間不斷地啃噬著他，他不再對經濟學理論產生重大的興趣，這些同學的悲劇，逼迫他回答：美國如何解決困境。

史迪格里茲不是政客，更不是煽動家。他不會把自己在蓋瑞市受到的震撼丟給遠方的亞洲人，「他們偷走了我們的工作」。

他知道這樣的悲劇根植於美國的制度，歷任四十年美國總統一路錯誤的政策。

他非常明白拜登拋棄WTO、全球化，回到北美自由貿易協定，效仿川普課徵進口關稅；以美國市場逼迫亞洲製造業回流美國，只能解決美國部分問題，但那不是答案。

它只能緩和中國的崛起，增加美國部分州的經濟成長率，但美國如此破碎，如此不均衡，如此階級對立。那些看似解決問題的總統方案，從川普到拜登，從雷根總統至今，不分共和黨、民主黨，一路都在逃避核心危機，以危言聳聽或是轉移焦點的方式，應付美國可怕的貧富差距。

史迪格里茲不是虛榮的成功者，會以自己相對同學的卓越成就而沾沾自喜。相對於一般人性，例如約翰．埃德迦．韋德曼（John Edgar Wideman）在《兄弟們和身邊的人們》（*Brothers and Keepers*）一書中的原話：「我通過我們之間的差距，衡量到自己獲得的成就。」

似乎沒有比這段話更好的形容敘述許多人會選擇在「階級的叛逃」中，多少不為人知的自以為是，及毫不掩飾的虛榮。

史迪格里茲在同學會後批評：美國不節制的金融化，不斷擴大的市場操縱力，國會議員不肯深入思考美國的危機，而且貪婪地深受企業遊說的影響……美國的「財富榨取」，已經遠遠多過於「財富創造」。

而這才是美國真正危機、仇恨及分裂的來源。

幾個資料顯示美國的貧富差距與四十年前截然不同。

四十年前，美國的去工業化才剛剛開始，但居然沒有一位總統正視這個問題。

當時的美國才處於如今被稱為「大鴻溝」（Big Divide）的初期階段。財富過度集中於一%的人口，他們和其他人的鴻溝，已足以顛覆一個社會。

但雷根總統採取的是減稅政策，加大鴻溝；在他眼中那些領取失業救濟金的人，是榨取正在辛勞工作的白人（因為當時失業的多數是非裔美人）。

他無視於美國因工會不合理的罷工潮，已把美國帶往去工業化的不幸之路。在他的任內，他幽默，他表演，他領導資本主義世界目擊柏林圍牆倒塌……以及共產政權的一一瓦解。

他太得意了，怎麼可能同一時間能看出美國的去工業化將帶來什麼災難。

當時的日本進入經濟黃金期，美國的去工業化，把工廠一一移至亞洲，跨國企業為追取最大利潤，正一一拋棄美國。

所以不是亞洲人偷走了美國人的工作，而是美國總統允許美國企業徹底背叛了美國工人。

川普曾經把美國的去工業化，怪到中國頭上。這聽起來很爽，但想一下很可笑。

它是欺騙。

四十年前的中國，連在深圳蓋一棟樓都有技術困難，終於蓋好一棟醜陋的大樓，鄧小平就已經很高興了。四十年前的中國農民工，一個星期吃不到一顆蛋，個個瘦弱營養不良。

四十年前的臺灣，窮到連中油公司、台電公司要擴廠，資金不過一千萬美元，都必須向外國銀行苦苦借貸。

四十年前的日本，在外貿省的成功規劃治理下，每天於東京機場迎接絡繹不絕的美國企業大老闆。深深九十度鞠躬，再把臺灣、香港等當衛星工廠，整合亞洲勞動力，為美國企業提供價廉物美的各類商品。

煙花下，往往遮住殘破的真實。就在美國式的資本主義歡慶蘇聯共產主義的滅亡時，美國正出現愈來愈多「跟不上的人」。

當美國去工業化，轉型為高科技及服務業時，美國歷屆總統沒有人試圖如德國、瑞典投資美國的勞工技職教育。

當美國去工業化時，是那些相信「市場」、討厭「政府角色」的人，不在乎「跟不上的人」，一路把美國推向今天的破碎、仇恨、「大鴻溝」的美國。

不是亞洲人，也不是中國人。

美國總統過度關注市場、討好企業，相信無節制的自由經濟的無知程度，令人驚訝。因為這個類似的災難，已經在一九二九年上演過了。

當一個國家的生產力想提升時，最重要的是勞動者知識及技能水準的提升。但美國從去工業化，一路走向人工智慧的時代，勞工的知識技能水平卻完全沒有增加。甚至因為對於二戰後「過去」美國充分就業的繁榮緬懷，歷屆總統沒有人想在教育上進行任何投資或改變。

於是高中（High School）成為劃分美國階級——或者你不喜歡這個字眼——「鴻溝」的主要分割點。這條鴻溝不是小溪，而是廣如不可跨越的太平洋，「生命變得污穢，殘忍，且短暫。」

美國在過去四十年，共經歷了一九八七年儲貸危機、一九九一年經濟衰退、二〇〇一年網路泡沫化、二〇〇七年次級房貸風暴，以及二〇〇八年金融海嘯。它產生的原因都是過度放鬆的金融管制，過度自由化，結果承擔其苦的是存款放在銀行的老百姓（一九八七），以及相信銀行過度借貸的民眾。

大銀行是政策遊說的始作俑者，這裡可沒有什麼普丁、習近平可以施展的角色。但大銀行紛紛得到了政府的紓困。

而「跟不上」的百姓，沒有人試圖協助他們。

幫凶就在華府，傾巢而出：從總統、前聯準會主席、財政部長，到國會議員，且不分共和黨、民主黨。

美國一方面國力減弱，另一方面一%的富豪財富卻不斷擴大。在美國經濟衰退時，他們享受減稅；在美國經濟復甦時，他們賺取財富，甚至透過資本市場賺取暴利。

拜登政府宣布的三大政策：(1)美國製造（MIU）回流。(2)丟了WTO，重回北美自由貿易協定。(3)全球供應鏈打掉重來，與中國脫鉤，由越南、印度、菲律賓、墨西哥等取代中國生產的角色。

但第一項只是把台積電及三星等「逼去」美國投資，受惠的只有亞利桑那州及德州，而且這些高科技公司由於高度自動化的結果，聘僱的人員相當有限。除了初期蓋廠房之外，他們需要的都是大學以上的優秀工程師。因此那些在「大鴻溝」之外，被拋棄的高中生、底層勞工，與此關聯甚少。

第二與第三項目標是遏阻中國製造，與「跟不上」的人也無關。但正如一九八一年雷根總統開始面對美國的經濟不平等時，他沒有採取解決核心問題的方案——尤其投資教育，反而惡化財政稅收，使教育投資更加不可能。

敵對的蘇聯從破產到解體，沒有解決美國的社會分裂，也無從降低資本主義的危機。中國經濟的停滯，也無法拉起那些「跟不上」的人。

逃避了四十年，問題擴大到美國槍聲四起，暴徒攻擊國會大廈，還想「吊死副總統彭斯」。美國的貧富差距才逐漸成為社會焦點。

但華府也成功地把論述貧富差距的這群人貼上「激進左派」的標籤。

一個個暴徒們，走上了迷途，但槍聲乍響下，走上迷途的豈止他們。

還有四十年來一直欺騙民眾，貪婪的美國政治人物。

美國的憲法開宗明義：「我們，美利堅合眾國的人民……」但大多數的人民，四十年來，都不是這個合眾國的主體。這個合眾國的主體是擅長遊說的大企業，以及非常樂意為他們效勞的總統及國會議員。

12 帝國之子

他們都愛上了一個密碼：「美國製造」。從川普到以「推翻川普」為名的拜登。

拜登批判川普撕裂美國、破壞美國在國際的形象、裂解西方聯盟，並且高舉民主及自由貿易精神後，他當選了。

然後他，正像所有達官顯貴的空虛，他愛上了川普主要的核心主張：持續逆轉全球化，大力高唱製造業回流美國。

拜登愛上川普的理由其實很簡單，所謂全球化代表國際勞動力、生產力「平等地」競爭；而美國除了尖端科技、人工智能、生物科技之外，在勞動及生產力上，從中階工程師到藍領階級，既不是亞洲人的對手（不只是中國），也不是德國人的對手。

在亞洲，拉開一連串的名字，包括日、韓、臺灣、新加坡、印度、越南、甚至孟加拉，美國同等級的產業工人都不是亞洲的對手，汽車業不是德國的對手，「全球化」對美國不利……於是拜登跟隨了川普，成為他的信徒。

許多人至今以為這個現象是一時的，那是過度天真的想法。「逆轉全球化」將是美國政府跨政黨未來至少二十年以上的大趨勢。

因為美國製造業的衰落，核心不在補貼免稅、全球化；而是勞工技職教育半個世紀的失敗！

這個逆轉，除非好幾任總統及州政府有魄力長期解決，逆轉高中及社區大學的技職教育，否則美國總統只能選擇指責其他的經濟體，Blame the others，高喊一些空虛口號，然後把美國市場半關起來：「所有的電池、五十五%材料都要在美國製造」，它將大幅提高生產成本、物品的價格……MIU或是USMCA（北美自由貿易協定）不會是真正的解決之道。

拜登丟掉它擁抱了七十年的自由貿易信念，以及形塑四十年「全球供應鏈」的框架。

斬！

因為美國內部的貧富差距、各州發展不均衡，已經使美國人民——尤其白種藍領階級——愈來愈「不平」。每週幾乎都有仇恨犯罪，槍聲四起，他們幾乎要造反了。

拜登上台後，川普啟動的關稅他持續徵收，不只對中國也包括歐洲，因為這可以塑造拜登「保護美國產業」的形象。用很平民的話語：「他很愛美國！」

但這恐怕是形象超過實質，而且有點蠢。

自川普以來實施的關稅課徵，並未降低美中貿易總額，從二〇一九年貿易戰開始至二〇二二年，貿易額自六六一五億美元升至六九〇六億美元。

實施關稅的結果不只加深通膨，對於美國製造業的復興也於事無補。

根據統計，這筆關稅由中國或是越南、德國、韓國出口工廠承擔的占二十%，八十%則由美國進口商及美國消費者分擔。

事實上拜登愛死了川普，不只關稅這項損人不利己的事。他尤其迷上了關於Made In United States（簡稱MIU）「美國製造」這件事。這和川普的MAGA（讓美國再次偉大）根本是孿生兄弟。

回顧拜登上台後挺苦命的。第一年，已沒有蜜月期。他被十％以上的美國人控訴竊取大選，他承受川普與塔利班簽好的和平協議，才剛剛就職不到兩百二十天，阿富汗情勢已急轉直下，世人看著他領導的美國軍隊倉皇、丟臉也無情地逃離喀布爾，如一個戰敗國。

阿富汗撤軍後，拜登知道他必須做幾件事，否則不可能連任。一個希望重振美國製造業，包括臺灣最熟悉的半導體產業回流美國；另一個是啟動如小羅斯福一九三三年實施的基建工程；最後一個是二〇二二年八月通過的「降低通膨法案」中補貼並且免稅電動車、電動車電池、化學材料、太陽能貯存電池等。

在外交上，他令人不可思議地和梅克爾唱反調，鼓勵或至少不阻止烏克蘭加入北約組織，結果任由所有專家皆可預見的烏克蘭戰爭爆發。

全球陷入通膨，烏克蘭每五個公民有一個是難民。但美國完了嗎？某一部分的它，賺翻了！

在聲援烏克蘭之餘，歐洲當然必須切斷俄羅斯能源，改向美國購買液化天然氣。歐洲電費大漲，德國工廠部分還出走至美國。

美國頁岩油氣公司及石油公司成為大贏家，並且從此改變世界能源供應國的排名。

我拿起一個計算表：首先以美國最大石油公司為例，埃克森美孚（ExxonMobil Corporation），二〇二二年大賺了五五七億美元；這不僅打破公司的歷史紀錄，也創下西方石油行業自二〇一二年以來歷史新高。從全年來看，埃克森美孚在二〇二二年的利潤，遠高於二〇二一年二三〇億美元的利潤。這意味著埃克森美孚於烏克蘭戰爭期間，平均每小時賺約六三〇萬美元。

但拜登沒有上好的經濟學，讓他忘了算清另一筆帳。埃克森美孚的利潤和美國GDP總量有關，和窮困的美國人無關。烏克蘭戰爭使油價一度上漲至一桶一百美元左右，它大幅增加美國人民的支出約六十%，也造成了不可承受的通貨膨脹。

拜登另一個不及格的經濟學是對於半導體公司可以提供就業機會的錯估。拜登上台兩年以來，致力重振美國製造業，目前最大的賣點是逼著台積電投資亞利桑那州兩個廠，金額達到四百億美元，數字看起來很驚人。

但以台積電高度自動化的特質，若換算在臺灣南科、中科台積電投資創造的工作機會，每一兆臺幣僅能提供約八千個工作崗位。即使加入美國工程師工作相對懶散，又有 Coffee Break，又堅持準時下班，且拒絕加班的長期習性，每一兆臺幣也頂多可以僱用一萬名工程師，四百億也僅增加不到一萬兩千個工作機會。即使加上居住當地、購屋購物等外溢效應，對於美國殘破的製造業，等於在一碗腐臭的湯裡滴下幾滴香油，提個味道，意義很小。

拜登仿效小羅斯福總統在一九三三年的基建設施，希望增加低階工人的工作機會，但規模卻不到當年「新政」（New Deal）的千分之一。目前他準備開工的基礎建設：重修美國鐵路（Amtrak）樞紐的鐵路隧道，及來往紐約、紐澤西州的哈德遜河鐵路隧道。拜登誇口這是 Amtrak（美國國鐵）問世以來最大規模基礎建設，經費高達一百六十億美元的修建計畫，它號稱將大幅改善美國東岸的鐵道運輸系統；但控制預算的共和黨尚未點頭，因為它必須增加預算，提高美國法定國債上限。經費可能沒有著落之外，修築一條鐵路及一個火車河底隧道能增加多少工作機會，解決美國已經累積六十年以上去工業化的空白？

拜登的政策，選舉語言遠高於實質。他口中實質的美國製造，目前發酵的現象是什麼？

二〇二三年，美國不只多數人認為製造業難以挽救，著名的高科技產業全部都在裁員。根據 Layoffs.fyi 網站的估計，不景氣的科技行業的雇主，在二〇二二年總共裁撤了逾十五萬個工作崗位。從微軟、亞馬遜、Alphabet、Meta，到蘋果公司CEO庫克主動減薪四十%，美國晶片企業英特爾也宣布大規模降薪計畫。根據英特爾二〇二三年二月一日公布的降薪計畫，中層員工薪酬削減幅度為五%，副總級為十%，高層主管降薪十五%，CEO降薪幅度最大二十五%。

除了削減基本工資外，季度績效獎金將暫停發放，養老金繳納比例也將調低。

這些金字塔的科技公司，裁員共同的理由都是二〇二二年第四季財報已不佳，對於二〇二三年，他們不抱希望，他們預期經濟將持續低迷。只有中國度過疫情經濟復甦，而且俄羅斯、烏克蘭的戰爭不再惡化下，全球經濟才能避免衰退。而後者，情勢完全相反。拜登決定軍援烏克蘭坦克車的結果，正在不斷地升高當地戰事，並且往戰爭長期化發展。這使得美國的油價及通膨的下降將非常有限，全球房地產市場也將非常脆弱。尤其美國的黨爭，將使得美國從國債危機，到提高軍事預算、建立美國軍事同盟的經費都困難重重。

拜登真的那麼笨嗎？答案可能相反，他太精打細算了。問題出在美國的選舉制度，他的「美國製造」選擇的地點，都和總統大選搖擺州息息相關。

由於美國總統的選舉制度採選舉人團制度，贏者通吃。因此總統的政策變成州州計算，欠缺全國更別提長期全盤性的思考。

渴望權力的拜登更是如此，他宣布兩個小規模的基礎建設，一個地點在巴爾的摩，一個在費城。因為賓州是必爭之地，選舉人團票共十九張。他親自到亞利桑那州舉行台積電盛大安裝機器典禮，並且宣布台積電將投資第二個廠，目前持續施壓第三、四……這也完全是選舉人團的考量，亞利桑那州過去是共和黨州，上屆選舉變成搖擺州，選舉人團票共十一張。

拜登美國製造的碎片化政策，令人難以置信。

洛杉磯是美國服裝製造業的大本營，這裡生產一些參加派對的禮服，價格不低但並非奢侈品，算是美國殘餘物美價廉的製造業。過去由於訂單不穩定，縫紉師的薪資以小時計算，工會介入了，拜登支持工會的主張，加州州長也頒布法令必須回到正常薪酬制度。但這麼做，未必保護了勞工，目的可能只是為了討好工會成員。美國彭博社判斷，這將誘發當地高級服裝公司的危機，甚至一一倒閉。

過度的政治化，非常淺薄的選舉考量，把美國製造業的復甦變成Mission Impossible。

美國人看見了嗎？

多數人都認為美國的黃金時代已經結束，而他們是經歷不同名字的總統，一路被放逐的人。拜登什麼都做不了，除了爭取連任、替企業遊說、為頁岩油及石油公司賺錢，以及在搖擺州爭取投資，在民主黨州嚇唬他們：「川普要回來了！」

美國藍領階級像活在異邦人的土地上。美國南方的貧窮小鎮，很多人選擇把現金藏在罐子裡，因為放在口袋裡會被搶劫甚至槍殺。大約四．五％美國家庭沒有銀行帳戶，其中非裔家庭的比例為白人的五倍多。密西西比州當地有超過三分之一的人，沒有足夠的錢能滿足銀行最低餘額的要求開帳戶，雇主甚至寧願用一張可儲值的借記卡支付工資，也不願意替員工開設戶頭。

走到底特律，曾經的美國驕傲，在半世紀的黃昏中已經隱去：破敗的工棚、荒裸的鐵堆、廢棄的金屬……

一位開著破舊老車的人，哼著「跑掉」的歌，結束無聊的一日。沒有什麼會改變，除非反抗，然後入監，不小心被警察開槍打死。

其實川普如果不是那麼個性古怪瘋狂，他可能是改變美國歷史的人。他比美國社會學家更早、更清楚地看到美國的矛盾，可惜他以仇恨的方案及語言表達，這使他的力量雖強大，但也令人恐懼。

雨已落完。

特斯拉的創辦人馬斯克（Elon Musk）在二〇二三年初談到美國的處境，這個曾經充滿夢及狂傲的人，直言不諱美國的不堪。他接受路透社專訪時指出：中國工人曾「工作到凌晨三點」，以維持特斯拉工廠的運轉。

美國工人會嗎？

他們可能下午三點就想著下班時間快到了。

馬斯克表示，「中國工人工作時努力、聰明，因此我猜測，一些來自中國的公司，未來最有可能在電動汽車領域，成為世界第二。」

沒有多少美國人願意說出那陰暗的恥辱……多數美國人民並不希望有人如此赤裸裸地拆穿他們的夢，說出美國的真相。

這些現實，美國總統敢面對？並且不轉移焦點，直視面對，一步一步解決嗎？

抉擇、奉獻……那些美國開國元勛及幾位二十世紀把美國帶上巔峰的國家領導人，例如小羅斯福、杜魯門，他們的遠見，後來幾乎沒有繼承者。包括外交戰略。

如今僅存的決策來自荒涼的藍廳，以頑固的騙局安撫著若干選民。

美國還是世界最大的強國，但這個國家所有的「偉大」只屬於政客及豪富者，人民是他們吃剩的骸骨。

不溫柔的歷史、惡劣的氣候，將其他土壤燃燒遍野或是凍結成冰。

幾任總統視若無睹。

代表美國的國旗，不同的星星、不同的州，象徵不同的境遇。有些土地點石成金，例如舊金山；有些人們活得就像游擊隊員，他們依然得活下去，他們沒有選擇。只能與死寂的絕望一同生活：愛著也憎恨著這個貌似「偉大的祖國」。

13 風吹草動

中國，已經成為美國逆轉全球化的軸心關鍵字。

二〇二二至二〇二三年中國如魅影，盤纏著華府幾乎每一個國際經貿及政治決策。「中美必有一戰」，也成為美國白宮目前政策制定最主要的方向。每個政策的推出，幾乎以此為前提。

面對美國從政府到民間對於中國愈來愈強的敵意，美國CNN著名的主持人扎卡利亞（Fareed Zakaria）感慨歷史的複製，「彷彿讓人回到了五〇年代麥卡錫主義的美國。」而且不分政黨，「美國兩黨均試圖以譴責中國的強度超越彼此，爭相把中國共產黨描述為美國的生存威脅；甚至可以從年輕人吸毒到新冠疫情，全歸咎中國。」扎卡利亞評論美國如此簡化的思維，只會使任何理性政策變得更困難。

他認為拜登最後被迫擊落所謂的中國「間諜氣球」，只是為了讓所有人認為他不是一個軟弱的美國總統。

他心裡明白，這是個笑話。但當一個美國總統也不得不從眾，花一枚四十萬美元導彈打下可笑的十二美元的氣象氣球時，它代表了眾人的情緒已經偏離事實太遠。

扎卡利亞認為華府應該冷靜下來，制定理性的外交和國防戰略；甚至想想裴洛西二〇二二年八月訪問臺灣時，真正的意義是什麼？

扎卡利亞的見解在這部分值得大家深吸一口氣，好好深思。裴洛西訪臺的歷史意義，對於他而言，不是宣揚民主價值，也不是提升臺灣國際地位，而是替中國解放軍製造了一次半封島的完美演習機會。他直言，假設二〇二三年蔡英文再度邀請現任議長麥卡錫來臺訪問，麥卡錫為了共和黨選情也同意，中國解放軍將再以此為藉口，再演練一次不同方式的臺灣封島，得到更多實戰推演的心得。

扎卡利亞的意見，白宮會聽入耳中一句嗎？

我認為拜登心裡可能嘀咕扎卡利亞太天真，說的不過是白宮外交圈人人都知道的外交常識。拜登內心深處想的，是另一套棋局。一個是他要連任，他在乎個人的政治支持度；另一個是面對中國崛起，任何美國總統此時都必須也必要做點什麼，才能把中國壓下去。這兩件事，在美國，現在合而為一。這兩件事對於拜登，比避免美中螺旋上升式的衝突更重要。

拜登只是做了所有政治人物都會做的事。在一連串對中國的棍拳一一打出之後，拜登的支持度，已經登上就任以來的最高點。他應該相當滿意自己的成就，未來這條道路還有許多出拳之處，他可以在「反中」上一拳一拳，慢慢添分。這遠比處理通膨，又要避免經濟衰退，容易太多了。中國是個好娃娃，或者好「氣球」，每打一拳，加一分。

至於美中避免一戰，等拜登連任之後，再來適度修補。

拜登是位沒有意識形態包袱的精明政客。他高喊「別讓川普回來，否則他會毀了美國」；但同時他也看到了川普旋風核心的賣點和軸點。於是他毫不猶豫繼承了川普一大部分價值觀，將人民的痛苦轉化擴大為民間的危機感，讓川普式的愛國主義一舉成為美國共識。

美國民主黨和共和黨，在墮胎、槍枝管制、學貸、政府扶持半導體產業、預算赤字皆有南轅北轍的意見，但在反對中國崛起，兩黨意見完全一致。那是美國星條旗飄揚下，吹起的大風。

拜登，打到了「要點」。

拜登，也重塑了世界秩序的格局。

藉著烏克蘭戰爭，他幾乎將臺灣步步推向下一個烏克蘭。在他的遊說、美國市場及軍事力量脅迫下，歐洲主要大國最後皆舉起白旗。於是一個反對中國的全球聯盟，短短一年，成形了。

北京長安大街上，曾經崇拜美國的中國人，還沒有搞清楚怎麼回事，一覺醒來，中國人已經成為美國的公敵，從華為、中興通訊，甚至TikTok——被查禁。

美國最新的諜影是中國公司在洛杉磯碼頭的人工智慧機器人手臂；因為它也可以搜集資料，「造成美國國安破口」。

這是一個數位及數據時代，如果以此類推，什麼都可以找到藉口，虛張聲勢變成國家安全。除了馬桶。

如果美國人想要這麼杯弓蛇影，那中國「間諜」，真的將無所不在。未來所有中國製（Made In China）的人工智慧冰箱、智能烤箱、智能汽車、電腦、遊戲軟體，全是數據……走進沃爾瑪，一看，一半都站了「中國間諜」。

但美國一連串的政策，尤其半導體、禁華為的政策，的確減速中國經濟的發展速度及潛力，也弱化了中國長期的競爭力。

但這些政策完全符合美國及世界的長期利益嗎？

回顧美國曾經的另一套「交往中國政策」，它完全錯了嗎？

二〇〇〇年美國允諾中國加入ＷＴＯ；尤其天安門事件後五年，一九九四年給予中國最惠國待遇，並不是同意中共政權可以鎮壓人民，當然更不會是為了給中國崛起脫貧的機會。它的目的是箝制中國，以全球資本主義市場的供應鏈框架，框住中國，讓中國進入世界經濟體系，從此成為其中的一環，彼此依賴。中國政府將無法為所欲為，每一個重大政治舉動，都必須思考其後遺症，包括大規模鎮壓內部、包括武力攻打臺灣、包括和美國相關的國際秩序正面衝突。

中國必須盤算每一步衝突可能帶來的經濟後遺症，決策者必須如一個牢靠的掌櫃，思考利弊得失，是否因此帶來經濟制裁、是否因此使中國經濟倒退二十年以上，甚至崩潰？

我們必須承認這個政策成功使美國框住了中國，直到今天，我相信這個現象將持續直到未來幾年。這個政策使中國即使在美國對中國已經如此敵對狀態下，俄烏戰爭中國也未強烈表態；中國未完全站隊全面支持俄羅斯，更不敢提供軍事武器給俄羅斯，那是因為「中國利益」，可不是俄羅斯發動了戰爭，中國愛好和平，心生良知。

中國政府，哪怕是最獨裁的習近平，算盤一打，中國的經濟系統，自一九九四年至今，大多數已近乎全球化。中國已經成為第二大經濟體，總量GDP占美國總GDP約七十三%；這句話的另一面是中國對於世界的依賴，從進口到出口，從糧食到能源，幾乎無所不依。

中國對於世界而言，無所不在；世界對中國而言，亦復如此。

中國若選擇攻打臺灣，或是其他形式全球軍事行動，等於和全球市場衝突。其結果，包括美歐聯手的經濟制裁，沒有人知道後果多麼嚴重。中國不是俄羅斯，糧食無法自己自足，對外也不是出售石油、天然氣。

一九九四年美國柯林頓政府授予中國最惠國待遇的決策，等於是站在更寬廣的高點，擘劃穩定的、長期的中國政策。它的基本出發點，不是非理性或是直覺的反對。回頭看，它更像一條深不可測的「陷阱」。

當中國依賴全球市場愈深時，中國將「更安全」。近三十年下來，中國崛起，但也落入「陷阱」中，落在很深的井底。

一九九四年，天安門事件後五年，以美國外交政策協會為主的美國外交智囊，首度提出讓中國走入資本主義供應鏈框住中國的主張。反對聲音最大的，來自於美國加州一位傑出的女性政治人物——眾議員裴洛西。她投書媒體，也在電視上發表評論，抨擊同為民主黨的總統柯林頓……「你沒有到過北京，不了解北京的殘酷」，「過度重視商業利益，輕忽人權」。當時的《紐約時報》以社論頌讚裴洛西女士，她是美國的「民主良心」。

裴洛西女士的語言，很容易被民眾理解。相反的，「以資本主義建構的市場，框住中國」，這樣的高明戰略既不容易被多數人理解，看起來也像藏污納垢的商業利益包裝。

「一定有些邪門之處」，當時我一位在美國外交圈子活躍的朋友，下了以上結論。

一九九四年的美國是一個地球上強大無比的國家，去工業化雖然已經持續了二十年，貧富差距剛開始出現。但左看一九九一年蘇聯解體，冷戰四十年，美國得到了絕對的勝利；右看「之後」一九九五年對付日本第二大經濟體的廣場協議，及一九九七年半導體投降條約，徹底打敗了日本。

一九九〇年代地球放眼望去，美國沒有半個對手，充滿了自信。

一九九四年的中國，別提二、三線城市，即使上海，自來水尚未現代化，浦東仍是荒郊野外，黃浦江常有野豬糞便漂流，外灘街頭零落，浦西只存法英殖民建築留下的一些傳說，新天地沒有任何雛形，外籍人士在此日間拉肚子，夜晚沒有一家可以喝點小酒的地方。得過了十年之後，上海才出現第一家奢侈品牌旗艦店 Giorgio Armani。

而北方長城腳下，皆是一堆小攤販。

這樣的中國，任憑柯林頓如何想像，也不可能預知中國會在二〇〇九年成為巨無霸，超越日本，成為第二大經濟體；而美國同一時間正遭受史上七十年來最嚴重的金融風暴。美國不再是充滿自信的國家，仇恨、對立、危機感，從此成為美國的共同語言。

關於一九九四年中國政策的過程，柯林頓在他的回憶錄《我的人生》（*My Life*）中提了一段，他如此寫下中國政策：「五月底又得討論該不該延長對中國的最惠國待遇……中國領導人自認可以應付一切改變，不論經濟現代化……起飛的沿岸城市，都在其掌握之中。由於交往政策（Engagement）已出現成效……同意延長對中國的最惠國待遇，並決定貿易與人權今後在美國的從此脫鉤。……讓中國與外界接觸更為頻繁；更易解決朝鮮核武問題，更易說服中國遵守國際法。」

當時的美國對於自己的制度治理優越性，充滿了自信，並且認為中國將因享受資本主義的甜頭，拋棄極權，一步步走向言論自由、人權提升的國度。

後者現在看起來，似乎是一場夢之旅；但前者至今仍然發揮了龐大的影響力及牽制力。

中國領導人可能是全球少數幾個最關切俄烏戰爭的領袖，緊緊盯著俄羅斯受制裁後的經濟現狀，注視著一場戰爭使烏克蘭人和俄羅斯割斷了十六世紀以來五百年所有的情感。這裡再無天鵝湖（相傳柴可夫斯基在奧德薩寫下此曲），相反地所有烏克蘭的湖水都裝滿了淚水，湖邊種下了深深的恨意種子，以血灌溉。

中國領導人看著，他會受到什麼啟發？意識到輕啟戰端，將為中國帶來難以想像的經濟壓力，甚至地方債務、房地產樓市泡沫全面破裂不可收拾，導致中國經濟毀在自己手中，成為歷史罪人？所有科技發展、中國崛起將功虧一簣？他會意識到臺灣人民將成為另一個烏克蘭人，從此對中國的仇恨，長達五百年以上？

或者他只看到即使打了一年，俄羅斯損失慘重、戰果貧瘠，但普丁仍凝聚了俄羅斯人民近八成的支持，遠高於戰前？美國在烏戰中，畫地限制戰場只在烏克蘭，全力避免俄美爆發戰爭，提供烏克蘭武器相當有限；他相信這也將是未來臺海美國總統的決策模式？

他將變成毛澤東，賭美國不會介入韓戰，最後以失敗收場？

習近平觀看遠方戰事的角度，將決定歷史。不只是臺灣的歷史，包括中國的、世界的。

相較於一九九四年的經濟交往，對於美國目前的經濟圍堵，習近平是理性多於憤怒？忍下來，以時間換取中國的科技發展；忍下來，突破困局，記取德國曾經在歷史上一度崛起，終因發動戰爭的失敗經驗？

一九九四年至今，一個呱呱落地的小孩，可以長成三十歲的青年。大嬰兒踏出父母的所有保護，奔向人生決定性的起點。每一步都是預言，甚至決定著晚年。一九九四年至今，成為第二大經濟體的中國，也開始面對愈來愈險惡的大國博奕，這是成長的代價。

在大國博奕之間，沒有什麼對錯道理可言。穿越冰山、峽海，船長除了屏息以待、步向小心謹慎之外，沒有什麼任性的權利。

中國當下的領導人習近平在許多決策上，硬闖或是妥協忍耐，兩個面向皆有之。

美國的棋盤上，擺出來的棋路規則已經非常清楚——不允許中國再崛起。美國只會用比對付當年日本、比處理當下俄羅斯更強硬的政策，對付中國。

季辛吉曾經如此形容中國：睡醒的獅子。扎卡利亞形容當下的華盛頓：華盛頓對中國在諸多議題上獲取的共識，就是一種典型的群體迷思。看看眾院特別委員會舉行的那場聽證會……委員會主席蓋拉格把共產黨描述成美國的生存威脅，把國內問題的發生都歸咎中國。甚至至失業率！而這更是一項奇怪指控，因為全美失業率目前正處於五十年來最低水平。或許可以把某些極端言論，視為國會在譁眾取寵，但它創造出一種令理性政策難以趨前的動力。

一個不一樣的美國，面對不一樣的中國。危險，豈止在臺海，在世界上多數的角落。若沉睡的獅子醒來，成為不可控制的叢林大獸，它將是遠遠高於俄烏戰爭，輻射世界從地緣政治、核武戰爭到全球經濟崩潰的世紀危機。

當下的我，如果對和平抱著希望，那是源於一九九四年柯林頓總統的決策。「當中國依賴全球市場愈深時，中國將更安全」。

不是現任總統，拜登先生。

14

全球化止步的傷口裡，美元長出了一個疤

每個山谷的傷口裡，總會噴發出致命的火山熔岩，留下深刻的疤痕。

美國自前總統川普以來進行的逆轉全球化，主要的「氣味」，當然是美國利益必須「絕對性」的優先。但這樣的「絕對性」，自然引發副作用。

首先是石油輸出國組織（Organization of Petroleum Exporting Countries，簡稱OPEC）的「背叛」。

根據統計，美國自二〇〇〇年以來，開始水壓裂法開採頁岩油氣，二〇〇八年技術突破，歐巴馬就職後任命朱棣文出任能源部長。朱棣文決定了改變世界的一件大事——由美國政府投資技術，降低水壓裂法開採頁岩油的技術危險性及成本。那一刻，美國的能源政策改變了，美國自一九四五年之後和中東石油國家之間的關係也改變了——美國和中東石油輸出國開始激烈的商業競爭。

朱棣文，這位一九四八年二月二十八日出生於美國密蘇里州聖路易斯的華裔科學家，父親祖籍江蘇太倉，他曾經是一九九七年諾貝爾物理學獎得主。他本人是美國國家科學院院士，也是中國科學院外籍院士，近期剛剛獲頒香港大學榮譽博士。當他擔任美國第十二任能源部部長、全力支持頁岩油氣開發時，他可能沒有意識到這個起點即將改變的世界；這個起點甚至把他的國家和他父親的祖國，沿著

OPEC組織成員國，博奕全球外交的影響力。

朱棣文的專長是：雷射冷卻和捕獲原子方法的理論，歐巴馬顯然有特殊眼光及國際戰略，選擇一位科學家擔任能源部部長。在二〇〇三年美國侵略伊拉克時，歐巴馬依據良知於國會投下反對票。歐巴馬明白小布希發動這場卑劣戰爭，目的就是為了掠奪當地石油。

或許這是歐巴馬擔任總統後反省美國長期「沒有正義」的中東政策核心的痛點：美國必須自己生產更多石油，甚至自給自足、輸出。當美國的經濟及人民一直依賴中東的石油，美國就會為了石油，「為所欲為」。

平心而論，石油的骯髒之戰，美國不是唯一。二十世紀歷史一攤開，從一次大戰後的英法《賽克斯－皮科協定》，到二十一世紀初的伊拉克戰爭、利比亞戰爭、敘利亞內戰……這些歐美等偉大的「已開發」、「文明」、「有人權價值觀」的工業化國家，在中東當地以殖民者角色，不停地發動戰爭、策畫政變、掠奪資源，必要時屠殺百萬人。他們瓜分了中東地區的黎巴嫩、敘利亞、伊拉克、科威特、卡達……以及非洲的利比亞、蘇丹。

目的都是：石油。

當人類的工業革命崛起，倫敦美好的汽車在西敏寺前的馬路上馳騁時，西方的「石油飢渴症」使他們一踏進中東地區，就是血跡斑斑的屠殺、掠奪、殖民的「禽獸集團」。

這裡可是沒有什麼美好的篇章。遮蔽的天空下，西方人視而不見自己的祖先、祖國如何滿手沾著血，他們只記得炫耀當年帝國的光芒。

如果他們也有一帶一路，他們的「一帶一路」是「一整帶個軍團，踏出黑血色的石油路」。

歐巴馬總統想逆轉西方不可告人的恥辱，這也是伊斯蘭極端主義對於英法美的復仇淵源。上台後，歐巴馬開始以國家的力量，採取科學行動及稅制支持擴大頁岩油革命。在此之前，頁岩油的開採技術，一直遇到重大的困難與挫折，狀況直到二〇〇九年歐巴馬上台前一年才開始成長。

根據二〇一二年美國能源資訊局（ＥＩＡ）的資訊，美國原本下滑的天然氣總生產量，由於頁岩氣的開發於二〇〇八年開始逆轉上升，預估二〇三五年美國頁岩氣生產量將占美國天然氣總生產量的一半。頁岩油再以其開發技術，應用於傳統油田的更生，造就了美國近年來石油生產的高峰。

美國能源部二〇二三年二月十三日發布的鑽井生產力報告，美國七大頁岩層包括阿納達科（Anadarko）、阿帕拉契（Appalachia）、巴肯（Bakken）、鷹堡（Eagle Ford）、海恩斯維爾（Haynesville）、奈厄布拉勒（Niobrara）以及二疊紀盆地（Permian）等，二〇二三年三月美國的原油日產量預估將較二月的九二八・二萬桶增加至九三五・七萬桶，超過二〇一九年十二月所創的歷史新高九二九萬桶。

當美國的頁岩油氣走上穩定的成功之路時，美國外交政策協會的一名專家說了一句斷言型的話：「從此以後，中東不再是美國的事，伊朗也不是，從此這裡將是中國人的事了！」

如今全球幾大產油國的排名中，美國自二〇二一年已經位居世界第一，占全球石油生產量二十%；過去一直維持第一長達七十年的沙烏地阿拉伯，退居第二，總占比只有十一%；美、沙差距很大。

俄羅斯第三，占比近十一%。第四名為加拿大，只占六%；伊拉克第六名，六％；伊朗第九名，四％。而美國自二〇二〇年起，除了特殊精煉油之外，不只不需要自國外進口一滴油，還正式成為石油及天然氣出口大國。

對於自一九六〇年成立，一九七四年同意以美元計價石油，保住美元世界貨幣地位、凡事幾乎皆聽命美國的ＯＰＥＣ各成員國，它代表什麼？

如果說背叛太嚴重，至少美國對於他們而言，毫無疑問已徹底轉變了角色，從保護國成為ＯＰＥＣ的頭號商業敵人。

二〇二三年四月六日沙烏地外交大臣費薩爾（Faisal bin Farhan Al Saud）和伊朗外交部長阿卜杜拉（Hossein Amir-Abdollahian）於北京正式會晤，討論兩大教派宗主國重啟正式外交，大使館設立，及其他貿易協定。

在此之前三月十一日晚上，時任中國國務委員王毅發表三方聲明，宣布在中國斡旋之下，沙、伊將恢復邦交。當時白宮的反應相當嗤之以鼻：「看他們能撐多久。」

不到一個月，華府已經開始意識到這將是地緣政治的大翻轉。代表遜尼派宗主的沙烏地阿拉伯不只和代表什葉派的宗主國伊朗恢復斷了七年的邦交，沙、伊兩國還刻意找了美國最大的敵人「中國」當調人，重要協議皆在北京宣布及舉行。沙國王儲MBS還公開表示：「不再有興趣取悅美國，未來給美方的東西都該要求美方回報。」

沙、伊及OPEC對於美國而言，出手相當「徹底」。美國或許不在乎自己在中東是一位「旁觀者」，因為他們當「主角參與者」的石油掠奪動機已經沒有了。

美國有一派學者認為美國之所以國力衰弱，內政千瘡百孔，是因為自阿富汗戰爭、伊拉克戰爭，一連串至ＩＳＩＳ、敘利亞……二十年來美國在此陷入泥淖，結果灰頭土臉，而中國「趁此空窗期崛起」。

拜登在撤軍阿富汗時的名言：「Let them Go!」、「讓難民盡量走！」這當然不是實話。實話是：讓「我們美軍」快走。

美國即使想撤軍中東地區，但它仍希望主導當地的政治情勢。例如川普一方面和塔利班簽署和平協議，一方面擘劃以色列和遜尼派國家和解，之後賣大量軍事武器給沙國、阿拉伯聯合大公國等，以對抗「伊朗」。

當中東地區主要國家靠向中國，遜尼派和什葉派大和解，這些都令美國不安。

尤其如果有一天，ＯＰＥＣ成員國皆走向以本幣而不再以美元結算油元呢？

目前中、沙之間，還算小心翼翼；兩國貿易固然協定本幣結算，但關於石油，仍然「美元」結算。

中國及沙烏地阿拉伯都不想和美國全面攤牌。

但世界已經出現如此的趨勢：印度和俄羅斯的石油結算，過去一年已經以盧布本幣結算。馬來西亞賣天然氣及貿易貨品予印度，也是本幣結算。美元的地位目前還在，不算崩潰，但顯然式微。世界上目前沒有可以取代美國的貨幣，但各國央行也在商言商，了解美元匯率的不確定性，在各國央行皆增持黃金當外匯儲備資產時，黃金已經漲破一盎司兩千美元，比起二〇〇八年及歐債危機時更高。當時只漲至一千九百二十美元左右，之後即一路跌至一千兩百美元。

黃金正成為許多國家央行新儲備貨幣，而且趨勢逐步擴大。它正被視為比美元更「安全的資產」、「避險工具」，並取代部分美元，成為新避風港。

我算了一下，黃金二〇二三年已上漲八．四％，近期金價上漲固然是在美國矽谷銀行等倒閉……加劇人們對金融體系的擔憂，使黃金在這片混亂中發光。

此刻投資者注重黃金就在於它的穩定性，在美元不穩定的時期，黃金正部分替代傳統的美元。

天然氣出口國馬來西亞首相安華則直接說：我們沒有理由繼續依賴美元了。安華在國會表示，他訪華時明確提出成立「亞洲貨幣基金組織」，並對馬、中兩國貿易本幣結算進行談判。二〇二三年四月一日馬來西亞和印度已經達成協議，雙邊貿易以印度盧比結算。

彭博社指出，各國對美元的主導地位「愈來愈不耐煩」。國際貨幣基金組織數據顯示，過去二十多年，全球外儲貨幣美元占比最高超過七十%，目前已降至去年第四季度五十八．三六%。

從二〇〇九年美國聯準會為了自身經濟印鈔QE的計畫，衝高了全球通膨；二〇二二下半年又為了打通膨，美國聯準會激進升息，這十四年來各國已吃盡美元潮起潮落的苦。

俄烏開戰之後，美國將美元「武器化」，凍結俄羅斯（國家和個人）的資產、將俄踢出SWIFT，這也給了世界非美國盟友的國家，去美元化，提供新動力。

即便和美國關係良好的新加坡前外長楊榮文也挑明：美元是對我們所有人的詛咒，如果你把國際金融體系武器化，就會出現更多的替代方案，美元終將失去優勢。

回顧美國在二次大戰後統治大半個地球，帝國角色已經超過一百二十七年，其中主要原因之一在二戰結束之前，一九四四年小羅斯福總統在第三任最後一年召開了布列敦森林會議。

這個以重建國際貨幣秩序為理由的會議，於一九四四年七月，由四十四個國家推派代表，聚集在美國新罕布夏州小鎮卡羅爾，白山山脈國家森林包圍的布列敦森林（Bretton Woods）舉行。它確定美國戰後霸權的貨幣金融地位，「討論二戰後重建、資本累積與貿易暢通，同時因應黃金產量不足下，受到挑戰的金本位制度」。

總之當時從英、法、比利時各國，戰場上都需要美國的軍隊，戰後也都需要美國金錢的援助；於是會議同意美國政府方案，由美國領導成立國際貨幣基金組織與世界銀行（World Bank，簡稱WB），並由兩大國際金融組織承諾維持美元兌換黃金的價格固定為每盎司三十五美元印製美鈔。所有參與國盯住本身貨幣對美元的匯率，如此一來，「各國貨幣的價值等於是盯住『黃金』，藉此穩定國際匯率」。

這個偉大的承諾，只維持了不到三十年。

二十一年後，越戰打到一半，一九六五年，美元已經出現危機。第一個開槍的是法國總統戴高樂。

一九六五年，他公開批評美元匯率的危險性，主張放棄美元世界貨幣地位，恢復金本位。

三年之後，戴高樂還來不及完成他的歷史性任務，法國已經爆發學潮；若干歷史學家認為那是一場左派學者無端掀起的抗爭，它莫名奇妙又看似偉大輝煌地出現，接下來莫名奇妙地結束。甚至某些人認為那是美國中情局與法國左派，兩個不可能想像的合作夥伴，在共同渴望鬧事的情緒下，變相合作。戴高樂後來舉行修憲公投，失敗後依照承諾一九六九年辭去總統職位，永遠離開了巴黎。

戴高樂於一九七〇年十一月九日去世；在他過世之後不到一年，

他的預言一切成真。

美國海外負債愈來愈多，財政不斷惡化。「美國能保證黃金一盎司三十五美元的兌換嗎？」「繼續持有美元沒問題嗎？」純粹出於不安，拋售美元兌換黃金頓時活躍資本市場。從西德、法國、瑞士等西方國家均大量以美元兌換黃金，美國所持有的黃金更空虛。比起巔峰時期，全世界黃金總量三萬噸中美國擁有兩萬噸，此刻美國只剩下八一三四噸，二分之一都不到，史稱「尼克森衝擊」。

在戴高樂死後約十個月，尼克森乾脆公開承認美國聯準會儲備的黃金與美元的發行量已失去「平衡」，美國片面撕毀承諾，承認「已經無從實現一九四四年布列敦森林協議中對於四十三個國家美鈔與黃金的兌換」標準。

一九七一那一年，美國的通貨膨脹率五・八四%，比現在低；失業率為六・一%，比現在高。一九七一年八月十五日尼克森在電視上發表歷史性公開談話，宣布三個行動：

(1)他霸道且片面地下令關閉黃金窗口，暫停美元與黃金間的兌換，外國政府不得再以美元兌換黃金（這聽起來很像普丁或是習近平的口吻）。

(2)頒布第一一六一五號行政命令，凍結工資及物價九十日，遏止通貨膨脹。這是美國政府自二戰以來，首次實施工資及物價管制。

(3)對進口商品徵收十%關稅（進口附加費），「確保美國產品不會因為預期的匯率波動而處於不利地位。

尼克森的歷史性行動，第三項和今天的美國很像，緊抱著關稅不放，差別只是當時沒有中國可當藉口。

如果依照過去「世界體系」兩千年的歷史，美國應該因此從第一大國的皇位，慢慢走下來。但尼克森政府聰明地盯上了ＯＰＥＣ，一方面同意他們石油漲價，但條件是油價以美元結算。

ＯＰＥＣ當時多數成員國的政權、石油開採的技術，都在美國人一手掌控中。

當年ＯＰＥＣ聽話的「義氣相挺」，延長了美國帝國的地位，直到今天。

事實上當尼克森片面宣布撕毀一九四四年一盎司黃金兌三十五美元時，「布列敦森林體系」已確定瓦解。

美元的信譽本來應該產生巨大衝擊。為了挽救美元，美國政府以石油國家的軍事處境、政權合作為突破口。一九七四年美國與沙烏地阿拉伯達成協議：美國對沙國出售武器，並保障沙國不會受到以色列的侵犯；交換沙烏地阿拉伯承諾石油出口以美元計價。更過分的是，美國規定沙國的石油出口盈餘必須用於購買美國已經赤字連連的美國國債。

由於沙國是ＯＰＥＣ最具影響力的國家，當沙烏地阿拉伯突破以後，一九七五年美國的「美元世界貨幣再生完美計畫」完全成功了！所有ＯＰＥＣ國家皆同意以美元作為石油唯一計價貨幣，美元再度重塑了金融體系中不可動搖的世界貨幣地位。

石油美元代表一個國家若想購買石油，需先購買並且累積美元，當然也導致石油之外其他的國際貿易會以美元交易。

因此，聰明絕頂的美國維持「石油－美元」唯一兌換關係後，它雖是承諾撕毀國，但也是貨幣戰爭的勝利國！

自此其他國家難以破解美元霸權的結構，直到今天。

半島電視台曾經報導傳言之一，美國侵略伊拉克，除了掠奪當地石油資源之外，包括海珊曾經揚言將改以歐元計價銷售石油。

如今我們又來到歷史驚心動魄的第三頁，沙烏地皇室、北京政府固然小心發牌，但坐在白宮橢圓形辦公室中的拜登，必然忐忑不安。

美國國債從日本、中國、愛爾蘭、法國、挪威，從盟國到非盟國……光二〇二二年一年已減持近五千五百億；美國國債上限已在二〇二三年一月十九日觸及三十一．四兆美元的上限，財政部長葉倫使用非常規措施以免美國違約倒債，二〇二三年九月前若不完成兩黨協商提高國債上限，結局難以想像。

美債即使最終未違約，兩黨惡鬥下，極有可能債信評等再被調降。

美國是全球少數幾個設有法定債務上限的國家之一，但也是年年入不敷出、稅收不及開支的國家。二〇二二財年美國聯邦政府稅收

四．九兆美元，同一年支出卻大約六．三兆；長期的赤字，不只是債務問題，它勢必削弱美國經濟成長的力量。

過去十年來，這種遊走危機邊緣的政治經濟操作愈來愈頻繁。甚至二〇一一年債限危機已全面爆發，當時美國距違約僅咫尺之遙，引發市場劇烈震盪，標普五〇〇指數在短短幾天之內暴跌超過十七％，美國國債更首次失去ＡＡＡ的最高債信評等。

研究世界體系的理論家伊曼紐．華勒斯坦曾經提出一個帝國百年的理論：這些帝國往往只能維持百年帝國地位左右，因為帝國「內部」會自動出現一些腐敗的結構性因素，導致帝國一步步走向衰落。

聰明的美國人，總是以貿易戰爭、軍事力量交換或威脅，甚且鼓動敵對國家（包括法國）內部出現動亂，威脅那些試圖撼動美國核心權力的國家，終而在亂流中霸存下來。

這一次，當 OPEC+*選擇美國銀行危機及高通膨的兩難危機下無預警宣布減產石油，加上沙、伊兩國刻意尋求中國當保護國，部分貿易開始不以美元結算，等於掀開了美元的第三場戰爭。

它若正式開始，將比晶片戰爭更慘烈、更關鍵！

山谷中的傷口，正在擴大。

等待火山噴發。

* OPEC+ 是指石油輸出國家組織（OPEC）與一些非成員國的原油生產國組成，包括十個非 OPEC 成員（俄羅斯、墨西哥、哈薩克、馬來西亞、汶萊、安曼、蘇丹、南蘇丹、巴林、亞塞拜然），OPEC+ 原油產量占全球的六十四%，由此可見，OPEC+ 掌握全球大多數的原油產量，而 OPEC+ 目標一樣是通過協調政策來調節石油供應和價格。

15 拜登能結束烏克蘭戰爭嗎？

讓我們說實話吧！

拜登必須結束他一直歌頌的「烏克蘭戰爭」，否則他可能無法連任；雖然民主黨在期中選舉逃過了一劫。

記住幾個數字，拜登目前因爲通膨支持度三十九％；川普此次CNN出口民調支持度也是三十九％。

五十多年前，美國歷史曾經發生過類似的景象。民主黨總統詹森的支持度因為越戰，從七十％大跌至三十九％，在一片混亂的「危機」中，他回到故鄉沉思。

沿著溪流，依偎樹底，詹森總統在兒時喜愛的樹下沉思，他想清楚了，他可以休息了。在誤判越戰之後，在北越進入西貢於美國大使館炸出一個大洞之後，他的腦袋似乎清楚了一些。

The game is over.

回到華府，他做出不連任的決定！

決定之後，他的回憶錄寫道：「過去整整一年來，我第一次看見光明。」儘管他經歷了數百個白天，但他第一次感受到白日的存在，就在溪流旁，兒時情景的回憶中，他找回了平靜。

那是一九六八年的三月三十一日；詹森宣布「不競選連任」，震驚各界；一年後，一九六九年一月二日，天空飄著灰塵，空氣凜冽，詹森將總統的職位交給尼克森。

尼克森於一九七三年宣布越戰停火。已罹患心臟病的詹森發表感言：「我認為我應該在我的權力範圍內，做對和平有意義的事。新總統和我均如此認為，相信這是每一個美國人民最殷切期盼的事。」

二〇二二年，美國期中選舉前，拜登總統的支持度，也只剩下一樣的數字三十九%。

拜登一樣誤判了俄烏戰爭的危險性，包括能源、通膨到經濟衰退。他犯下一連串外交錯誤，誤判了玩弄烏克蘭申請加入北約，可能帶給全世界的通膨影響，包括美國。

所謂「削弱俄羅斯」，已經等同「削弱白宮」，還有他自己。

拜登在烏克蘭戰爭前後的錯誤，並不會因為期中選舉川普的「危險」而消失。恰恰相反，隨著共和黨可能推出的新總統候選人是年輕的佛州州長德桑提斯，拜登連任的「危險」，正在加大。

美國經濟的失落，是民主黨的錯誤嗎？當然不是，它是五十年來，美國主導的全球化演進後的結果。美國的政治人物及經濟學家對於此現象，有些歸諸於錯誤的過度自由化，尤其金融市場自由化；有些咎責美國政經體制由一小撮人把持。小小的菁英族群，卻控制著全美國的政治經濟走向。四十%的美國人無法承受區區四百美元的意外費用。美國這幾年廣受歡迎的書籍包括《絕望者之歌》（*A Memoir of a Family and Culture In Crisis*）、《故鄉土地上的陌生人》（*Strangers In Their Own Land*）……他們書寫的不是烏克蘭戰爭、不是非洲飢民，而是「可悲的美國人」。

民主黨先是在二〇一六年大選早已失去了許多白種藍領工人；等於火上添油，通膨使得這次期中選舉連拉丁裔、非裔的選票，民主黨都差一點流失。

民主黨最後的僥倖勝利，完全靠川普支持的候選人——他們異口同聲的「危險語言」，使民主黨在許多州贏得勝利，但雙方差距往往小於三%。

這完全是僥倖。一個依靠「恐怖川普」而出現的奇蹟。

拜登的恩人不是最後為民主黨四處站台的歐巴馬，而是為共和黨候選人全國奔波的川普。川普愈狂言，民主黨齊聲呼喊「挽救美國民主」；最後頂住了紅潮。

但那些底層窮苦的非洲後裔、拉丁後裔、白人藍領選民，他們終究可能在高通膨下，繼續吶喊：「我如何挽救我交不出的房貸？」「下個月我的生活費，在何方？」

「挽救美國民主」是空洞的，但貧苦大眾下個月的房租房貸是實實在在的。

美國十月份通膨指數為七・七％，其實只比九月份下降〇・五％。由於預期聯邦公開市場委員會將會緩和升息，股市十一月的繁榮和實際的經濟根本是個大反差。

拜登解決困境的方法——結束他可以卻沒有阻止的烏克蘭戰爭。事實上拜登相當明白這一點。期中選舉前約一個月，白宮預期選舉可能會輸，已經派出高級幕僚和俄羅斯祕密接觸。這個消息很快被《華盛頓郵報》獨家披露，美國的目的是促使俄烏和談，結束戰爭，並且提及擔心歐洲出現通膨導致的「烏克蘭疲勞」，而且「要求」烏克蘭總統澤倫斯基，必須降低不可能達成的談判前提。

白宮在報導出爐之後，大方承認美俄接觸，但解釋這是為了恢復《新削減戰略武器條約》，避免核戰。但了解烏克蘭戰爭俄羅斯戰略的人，恐怕都不會同意。俄羅斯目前沒有動用核武的跡象，尤其削減戰略武器談判，在彼此對峙烏克蘭戰爭全面升級時，更看不到可能性。

期中選舉前，《紐約時報》再獨家報導：美軍參謀長聯席會議主席密利（Mark Alexander Milley）在一場白宮重大會議中表示：「（我們）必須相互承認真正意義上的烏克蘭軍事勝利，無法透過軍事手段實現，因此需要轉向談判手段。」

密利援引第一次世界大戰的例子，一個明明知道自己無法取勝的指揮官若繼續戰鬥，最終導致兩千萬人喪生。

「當有機會談判時，當和平是可以達成時，抓住這時機！在冬天到來之前，在俄羅斯撤軍赫爾松之際，這是最好的時機。」

他後來揭露，這場戰爭CNN從未告訴美國人民的真相：俄烏雙方死傷的軍人，皆高達十萬人。

密利尤其擔心冬天將至，俄羅斯只要使用無人機，摧毀水電瓦斯設施，烏克蘭將陷入俄羅斯女王凱薩琳大帝的名言：「我們有八個月的冬季」，「還有四個月的壞天氣」，這使我們在寒冬中行動，使俄羅斯在歷史上幾次重大戰爭裡，扭轉戰局。

包括一八一二年的俄法戰爭，第一次世界大戰俄德戰爭、第二次世界大戰。

這是一個偉大、在乎烏克蘭人民性命的美國軍事領袖的建議。於是期中選舉後，最新訊息：俄美將舉行自烏克蘭入侵以來的首次核會談，時間十一月底或十二月初，地點在埃及首都開羅，磋商將持續約一星期。

這和烏克蘭戰爭爆發前，美國僅派出副國務卿於二〇二一年在瑞士和俄羅斯副外長談判一天；於二〇二二年初由國務卿布林肯和俄羅斯外長僅接觸半天，接著立即前往南太平洋地區，主導印太框架——態度及時間，完全不同。

尤其烏克蘭加入北約，俄羅斯必然開戰，是二〇〇六年橙色革命後普丁畫下的紅線。

歐洲領袖、美國總統、美國國防部、美國國務院人盡皆知。這和臺灣宣布獨立，或是公投獨立，必然引發臺海戰爭，是一樣的常識。

它不是烏克蘭人民有沒有權利加入北約，臺灣人民有沒有自決權利的「正義」問題。

它是現實，而那個現實——就是戰爭。

理由之一：基輔距離莫斯科太近，坦克車五小時，飛彈數分鐘，如果北約在此布署軍事設施，比一九六二年古巴對美國的威脅更大。

理由之二：一九九〇年東西德統一時，蘇聯同意東西德統一的前提是「北約不得東擴」。後來北約一直違反協定東擴，於是普丁於二〇〇六年畫下了最後紅線——只要是烏克蘭，俄羅斯不會再忍耐國際羞辱。

拜登基於什麼自私或是愚蠢的動機，在二〇二一年九月一日於白宮接見澤倫斯基時，未阻止烏克蘭、反對烏克蘭加入北約？拜登為什麼不願和梅克爾同一陣線阻止戰爭？他或虛應故事、或純粹愚蠢、或因自私理由，反而鼓勵烏克蘭加入北約，任由戰爭發生。理由是什麼？

至今沒有人知道。

烏克蘭戰爭的「正義之旗」飄揚下，美國、歐盟……通膨，全球經濟同步衰退，人民難以承受。

美國原本破碎的經濟體制，痛苦絕望的底層民眾，更加無以立足。

期中選舉倒數前幾天，民主黨年輕成員拿著一個小看板，當時拜登正在演講，他們在場外舉牌抗議「Give me a break! What idiots!」那個 idiots 指的是拜登和他的幕僚。

這場因為白宮默許烏克蘭跨越紅線申請加入北約而誘發的戰爭，帶來了全球各地不同的不幸。小從美國科技公司的裁員潮、歐美的通膨，大到烏克蘭近一千四百萬難民、非洲的飢荒、歐洲能源危機，到全球經濟衰退……。

直到今天，美國仍然表示將無限期支持烏克蘭政府，包括武器、財政……但同一時間，美國國家安全顧問蘇利文已經和俄羅斯準備「展開談判」。

典型美式兩手策略。

目前烏克蘭恐懼的人們，每三人中有一人是難民，父母帶著年幼的孩子逃亡。美聯社照片中一個媽媽，年紀輕輕，看起來卻已滿臉風霜，她望著懷中的孩子，以湖綠色的毛毯包裹著。嬌嫩的臉、凜冽的寒夜、未知的命運，環抱著即將面臨飄雪的母子。

當美俄開始談判，不論是多麼冠冕堂皇的理由，它都代表美國政策的妥協。美國不會立即要求烏克蘭停火，依據歷史經驗，這種事還要拖個一至兩年。

直到各方都滿意。

其中澤倫斯基二〇二四年三月三十一日要競選連任，在此之前他必須仍然是英雄；拜登必須在二〇二四年十月以前解決掉這場戰爭，降低通膨；而普丁，他死也需要面子！

但那個烏克蘭母親懷裡的小嬰兒需要人生，非洲飢餓的人們需要食物，冬季寒冷的歐洲人需要暖氣。

悲哀的是：這個世界的遊戲規則不是以人的命運做決定。密利將軍的警告，迴盪白宮，也穿越歷史。

但拜登等人一開始將烏克蘭戰爭如此神聖化，如今他的政治前途，完全賭在這場戰爭能否結束。

而他過去的好戰、高調、神聖化，這將使得和平談判，滿布荊棘。

拜登會是一九六八年的詹森總統？

他渴望權力那麼久，他才剛剛撤離阿富汗，即讓世界又捲入烏克蘭戰爭。

他不是和平主義者，從來都不是。

當普丁和拜登開始談判時，烏克蘭正義遊戲的主旋律，當然會漸漸變調了。

而遊戲木馬繼續旋轉之下，必然埋藏更多烏克蘭人民的屍體。
有的時候，回顧歷史，無非就是徹底看透一切！

16

冬日將至，「美」夢未必成真

沒有過去歷史告訴我們，未來會發生什麼事。

冬日將至，雪下得無休無止。在烏克蘭，十二月零下二十度。他們說，今年的冬季，可能達到極端零下三十至四十度。

暖暖的、曾經熟悉的爐火，遠在他們的盡頭。

俄羅斯幾乎退出所有的地面戰爭，無人機躲過美國提供的防禦系統，在空中占盡優勢。

美國總統拜登原本派出至埃及談判的特使布林肯，已被俄羅斯拒絕。美國總統表示錯愕。

為什麼？

道理很簡單。俄羅斯對於全球極端氣候此刻歡迎不已，它準備將冬天當作武器。克里姆林宮突然拒絕美國，表示現階段和談不可能。一方面烏克蘭拒絕協商，因此俄羅斯的軍事行動仍將持續；另一方面俄羅斯也正在實踐美國參謀聯席主席密利的戰爭指導原則：在戰場上進攻至取得最大優勢時才談判，這次的冬天就是最好的武器。

於是俄羅斯鎖定烏克蘭能源設施攻擊。他們殘忍地希望烏克蘭百萬人死亡，顛覆澤倫斯基政權。

德國之聲記者走入基輔政府設置的取暖庇護所，裡面的取暖設備，燒著木柴，民眾勉強待在這裡，免於凍死。庇護所內的柴火下，民眾還是打著哆嗦，牙齒咔咔作響。柴火引出的小火，柴火爆聲，好過外面真實的戰場。

空氣瀰漫著不甚舒服的煙霧，眼淚留下來，是當下的環境，也是對於未來的絕望。

美國打算運送價值五千三百萬美元的能源，協助烏克蘭度過這個冬季。但它不足以讓還留在烏克蘭境內的三千萬居民，真的度過寒潮。

而且它，也不是白宮目前首要決策考量。

白宮的首要考量是：如何把高端——例如晶片、電動車、化學製品、電池等製造業，帶回美國。

美國不是這場烏克蘭戰爭的直接製造者，「遠離戰爭」是美國自阿富汗倉促撤軍後重大的國家方向。

至於這場戰爭的主要受害者，除了烏克蘭人民之外，歐洲的通膨、全球經濟下滑、各國極右派崛起的趨勢，都不是白宮在乎的議題。

拜登可能在乎十二月初在喬治亞州舉行的重選，超過烏克蘭人民及德國、法國等盟友的困境。一個殘酷而沒有說破的是，在芝加哥百貨購物中心發生的槍擊案，重要性可能超過烏克蘭人民會不會百萬、或是數十萬、或是至少數萬人死亡於這個冬季。

美國不再是二次世界大戰之後，願意主導世界秩序的國家。你可以不同意二十世紀美國在拉丁美洲扶植殺人的右派軍事政權對抗左派；你可以舉例斑斑美國在越戰中使用火焰彈及橙劑，殺死多少平民，犯了戰爭罪行。但至少當時的美國有一個世界性的目標，對抗共產政權，鞏固資本主義（許多人把它誤會成民主制度）。

現在的美國，這些都不重要了。包括反恐！

美國最在乎的是自己的經濟結構，美國中產階級的消失，貧富懸殊的對立，金融經濟的幻滅，已經使底層白人無法忍受，他們團結聯盟的右翼主義，已主導美國政治超過二十二年。

我們總是等到夢醒時分，才意識到這一點。好似一切答案都是川普，他垮了，他的社群媒體帳號消失了，尤其共和黨新政治明星德桑提斯這位哈佛大學法學院高材生出現，問題就會消失。

這個看法，我不得不說：很幼稚。

美國打從一九七一年即因國內赤字，撕毀它對世界的美元承諾；一九七六年美國對世界已經貿易逆差；一九八〇年，底特律汽車城更是日本的手下敗將。二〇〇〇年紐約全球金融中心製造的美國夢……二〇〇八年，一切轉成空。

美國底層白人的痛苦，不是一下子，涮，滑下來的。他們的「經濟傷口」，從一九七〇年慢慢醞釀，直到最後二〇〇八年金融海嘯來臨，「傷口」潰爛逼得他們抓狂，也失了心瘋。

美國政治的極端化，尤其共和黨，也不是川普時代開始。二〇〇八年，如紳士、如英雄、唾棄川普的共和黨總統候選人麥肯，為什麼選擇可笑的阿拉斯加「口紅」裴琳當副總統搭檔呢？因為共和黨內激進的勢力——茶黨，已經銳不可擋。越戰英雄麥肯也必須妥協，才能團結共和黨。

我們可以看到一個光譜，從茶黨、川普粉、到現在的拜登，到下一任總統，不論他是誰，男的、女的；異性戀、同志；常春藤名校畢業生，或是普通人；老的，還是年輕的；他們的共同主張都會是——製造業必須回流美國。

「你們偷走了我們的技術，掏空了我們的產業。」

「還回來！」「那是美國的！」

異口同聲。異黨同仇。

美國仇恨指責的不只中國，那只是一個罵全球的絕佳包裝。美國要拿回的工作，包括汽車、半導體上下游、生物科技。大多數都不在中國。

這個世界真的偷走了美國的技術嗎？

美國自己也曾經是「偷兒」的一分子。

發明汽車的是德國人，德國工程師卡爾．賓士被視為現代化汽車之父。賓士先製造了三輪汽車以後，戈特利布．戴姆勒才製造四輪汽車，美國人亨利．福特則是當時大量生產平價汽車的先鋒，他只是使汽車得以普及化的人。

沒有什麼技術都是美國的。

如今當美國自己需要新電動汽車的市場占有率時，這些共有的發明歷史被遺忘了，這麼粗糙的論述目的只有一個：美國需要這些產業。

閱讀歷史的我，不得不懷疑俄烏戰爭是美國總統拜登樂見的。因為它如一個隕石撞地球，可以摧毀俄羅斯之外，還可以摧毀歐洲；尤其歐元，德國、法國、義大利的產業——美國經濟的真正競爭力對手。

梅克爾二〇二一年底卸任。她在卸任一年後，終於第二度打破沉默，接受《明鏡週刊》來自東德的記者奧桑的訪問。二〇二二年十一月二十四日，《明鏡週刊》刊登了一則長達三十多頁，奧桑獨家專訪梅克爾的封面故事。

她對《明鏡週刊》描述二〇二一年六月，拜登與普丁的日內瓦會談後，她如何在夏天試圖與馬克宏攜手，構建一套歐洲與普丁的獨立對話模式。「但是我已經沒有落實這個想法的力量了，因為所有人都知道：秋天我就下台了。」

八月底，梅克爾看到烏克蘭申請加入北約，烏克蘭戰爭隨時有可能發生。她決定到莫斯科，進行最後一次努力，試圖阻止戰爭。「但我的感受很清楚：就權力而言，我已經是過去式了。」

這一次，普丁帶著外交部長拉夫羅夫出席，而通常她與普丁兩人總是單獨會面。

普丁在梅克爾到訪幾個月後入侵烏克蘭，她並不意外。

在《明鏡週刊》的訪問中，記者沒有詢問她離開克里姆林宮之後，抵達了基輔，告訴澤倫斯基戰爭的危險性時，澤倫斯基為什麼充耳不聞？澤倫斯基見了拜登之後，甚至數度表示「我看不到俄羅斯入侵的跡象！」

這大概是德國人共同的問題，但深層地埋在心裡。

如果二次世界大戰結束前後，美國有一套鞏固美國世界第一強國（美元為世界儲備貨幣）及主導世界政治走向、對抗鐵幕的全方位戰略；今天美國的新戰略已經是聚焦「美國再次強大」。

美國的經濟對手當然不只是中國，甚至中國的組裝業根本不是他們需要的。美國的經濟對手包括臺灣、韓國的半導體，德國的賓士汽車、福斯汽車、生技產業，以及他們永遠打不敗的日本韓國家電、電池、化學材料。

法國總統馬克宏二〇二二年十一月三十日抵達美國。此行不為攜手而來，是為抗議前往。

法國電視台 France24 報導馬克宏美國行，三天國是訪問。第一個先算帳美法關係——二〇二一年九月美國搶奪澳洲向法國購買柴油潛艦訂單。而馬克宏此行重點為：反對美國立法補助美國當地生產的電動車，他不能接受，「堅定反對美國現在的保護主義路線。」

在歐洲盟友中，法國不是唯一。

荷蘭政府在十一月二十二日，向美國提出抗議。荷蘭高官表示他們不願聽從美國號令，對中國禁售艾司摩爾（ASML）光刻機設備。荷蘭將捍衛自身的經濟利益。

歐洲幾個國家表態，如果美國不再是全球貿易的領導者，而只是考慮自身的利益，它們不願意全盤聽從華盛頓的要求，包括參與對中國半導體技術的圍堵。

多數的人都太年輕，以為美國變了。

事實上從十九世紀至一九四一年珍珠港事件前的美國，一直是一個經常經濟衰退即反移民、實施經濟保護主義、孤立主義的國家。

川普、拜登只是抓回了這個傳統。

就在自由女神像一八八六年豎立前三十年，愛爾蘭發生飢荒，紐約再次湧入大量難民至美國。《紐約時報》以頭版頭條問：「我們還要接收多少歐洲難民？」

當時愛爾蘭長達六年的大飢荒期間，船隻橫渡大西洋共五千多次，它是一趟又一趟危險的旅程，長達五千公里。大部分船隻破舊不堪，船艙房間小得令人窒息，船上沒有衛生設施，糧食供應十分貧乏。許多乘客由於忍飢受餓，身體虛弱，病倒了，未抵達目的地已經死去。

一八四七年，開往加拿大再準備轉往波士頓的船隻，被人稱為「死亡之船」。這些船載了十萬多個移民，當中有超過一萬六千人不是葬身大海，就是在登陸後不久客死他鄉。

愛爾蘭工人，最終主要聚集波士頓貧民窟，「生活骯髒、衛生極差，可能帶來恐怖的鼠疫。」（《紐約時報》用語）他們的工資低於已經定居在此半世紀的英國移民，他們的工時當然也比美國人長，最小的童工可能只有九歲。走在街上，愛爾蘭人必須成群彼此保護，以免被殺。

但他們創造了波士頓造船業的繁榮。

愛爾蘭人是白人，但他們是飢荒時期抵達美國的低等白人。

美國反移民潮對東方最著名的是「黃禍」。一八七〇年代，美國東岸又發生金融風暴，在經濟衰退期間，工廠紛紛倒閉。於是東岸的老闆們奔相走告：在加州，有一群造鐵路的華工，辛勞肯吃苦工資又低。把他們運來東岸！他們比愛爾蘭人還便宜。

這一批華人勞工中，包括宋美齡的爸爸宋查理，年方十四歲。這批便宜的華工皮膚是黃的，留著清朝的辮子，他們當然被貶得更難聽：「骯髒的黃色群體」。一些美國人認為，華工「卑鄙」的低薪工作，搶走了他們的飯碗，「偷走了他們的工作」。

於是累積的嫌惡促成了一八八二年的《排華法案》。法案禁止中國人成為美國公民，一些已取得合法居留權的人也遭到凌虐；剪辮子，光天化日下私刑剝頭皮，血淋淋滿身，夜裡放火燒唐人街。

著名報人霍勒斯．格里利（Horace Greeley）認為這是一個偉大的行動，了不起的法案；「中國人不文明、不乾淨、骯髒」，有著「淫蕩和充滿肉慾的性格」。他們必須離開美國。

一八九五年美國GDP超越英國，一路崛起，直到大蕭條。二次世界大戰後期，美國才參戰，「嘗盡甜頭」（歐洲歷史學家的字眼），成為世界大戰後勤工廠，失業率從一九四一年十%，降低至一九四五年的一．二%。

所以戰後嬰兒潮世代的美國人，覺得世界是他們的。當他們富有時，他們領導世界。而當他們國內出現經濟斷層時，「還我河山，還我工作。」

美國曾經占有一切，一度統領一切。如今，美國後悔了。過去他們把全球化編成一條無盡的項鍊，現在他們想把它給拆了，盡量留在美國。

未來世界各地都可能因為疫情、人口老化（越南除外）、俄烏戰爭、全球氣候暖化，以及美國反對全球化，一步步進入危險區，終而全球皆成為日本的翻版，始終奄奄一息，經濟至少消失十年。

如今全球，尤其歐洲國家，逐漸認識美國角色的新顛覆。

除了烏克蘭和……臺灣。

17

不要隨便走入戲院

我們是否從戲院剛剛看完一齣恐怖片？

從人類歷史觀看，二十一世紀最重要的大事不會是烏克蘭戰爭。有一天它會像阿富汗一樣，淡出歷史，留下當地悲傷的居民。那些難以忘懷的痛楚，曾經半個地球的支持，會如普羅高菲夫第三鋼琴協奏曲：熱情的樂句與不協和弦樂先對抗，接著徘徊冥想，獨奏與管弦樂之間再爆發戰爭，高難度滑奏音，然後突然以最強的齊音結束。

沒有人真的戰勝，它是蘇聯解體後的延續戰爭。那是普丁的不甘願，那是烏克蘭想脫離俄羅斯的反抗神曲……終而西方尤其美國又厭倦了，於是華麗的口號瞬間都消失了，「烏克蘭」被歷史遺忘了。

二十一世紀最重要的大事，我相信是二〇〇八年爆發於美國及歐洲各國的金融危機，以及亞洲製造尤其中國的崛起。這一來一往的事件，將主導歷史至少三十年。

歷史列車有時候走得很慢，中間有些黑色煙火，例如阿拉伯之春，也有些驚人的政治現象，例如美國、歐洲極端力量的崛起；但歷史主要的主軸還是結構，大國經濟及影響力的爭奪。在我們的當代就是——美中衝突：從經貿延伸至如冷戰般的軍事衝突。

這齣電影好萊塢寫不出劇本，因為它的軸線太多，而且角色翻滾。例如一個號召支持者絕望地暴力攻擊國會的川普，相對於不斷進行大規模軍演把世界帶回冷戰的拜登，可能是「和平主義者」。這聽起來很荒謬，但川普時代對付中國的方法，僅限於關稅懲治，禁止華為、中興通訊，還有為了軍火商業利益賣F－16給臺灣。

看起來如Phantom、每天半夜三點發推文的瘋狂川普，不曾把反中情緒「勒索」、「激動」到發神經以四十萬美元的導彈打下區區不到一百美元成本一只的「氣象氣球」。

狂起來如「惡魔島」般怪獸的川普，在他卸任之前我們還沒有聽過「臺海危機」。川普任期的最後一年，要求台積電至亞利桑那州設廠，理由很簡單、很明確，台積電，你們賺美國太多錢，必須回饋。

到了拜登，台積電在美國再加蓋第二個廠，原因多了一個無人可抗拒的大帽子——國家安全危機。「美國先進製程半導體九成集中於臺灣，這是美國最大的國安危機」，美國商務部長雷蒙多如是說。

川普反對TPP（跨太平洋夥伴關係協定）、反對WTO，只要多邊貿易協定他都反對。在他眼中，美國是這麼大的市場，當然要一個一個國家分別對付談判，才會拿到對美國最有利的條件。這純粹是生意人的思維，沒有對錯可言。在川普眼中，過去那些美國總統會愚蠢地支持多邊貿易，簡直笨到了極點！

拜登悄悄跟進川普，卻生出一些不知所云、罔顧現實的主張。一個是上台第一年即喊得滿天飛舞的「美中經濟脫鉤」；另一個是第二年由臺裔首席貿易代表戴琪提出的「友岸外包」，重點也是美中經濟脫鉤，但不脫亞，只和亞洲友好夥伴做生意，包括印度、越南、菲律賓、泰國……日本、韓國、臺灣。友岸之邦有民主國家，也有共產國家，所以重點不是制度或是價值之爭，仍是美中衝突。

二〇三〇或是二〇三五年左右的人們，看二十一世紀前三分之一的歷史，會更清楚。

起初沒有任何跡象，甚至時間擺到二〇〇九年美國最艱困的時候，也嗅不到什麼跡象。中國在G20大會中和美歐全力合作，全球央行聯手降息，一起祭出刺激方案。中國一口氣丟出了四兆人民幣刺激方案，那一年，這個龐大的經濟體獨撐二〇〇九年全球經濟的挫敗、那只一息尚存的美國經濟。當美國聯準會開始印鈔票時，中國除了進行第一筆小到不成比例的中、馬、印尼人民幣貿易結算之外，中國政府未曾大量拋售美國國債。

回頭看，當時的中國並未意識到：這場金融危機代表美中關係大難將至。

恐怖片沒有 Phantom 音樂劇中明顯的前奏，第一本談到「美中注定衝突」的書籍，出版於二〇一七年，中國成為第二大經濟體之後七年，金融風暴之後九年，川普當選後第一年。

這本由哈佛大學教授艾利森（Graham Allison）撰寫的《注定一戰？中美能否避免修昔底德陷阱》（*Destined for War: Can America and China Escape Thucydides's Trap?*），從此敲響了二十一世紀至少上半葉最重要的歷史。艾利森是季辛吉的學生，美國哈佛大學甘迺迪學院（Kennedy School）創院院長，學術地位崇高。他與彼得雷烏斯（David Howell Petraeus）在擔任美國中情局局長時曾一起討論「中國崛起」，在他的書中呈現美國軍情界對中美衝突焦慮已久，但尚不足以使人們認為兩國「注定一戰」。他認為美國和中國若要逃出「修昔底德陷阱」，美國人民必須正視「中國崛起」，因為美國人「對於中國從一個落後的農業國轉變為『世界史上僅次於美國最大的參與者』仍抱持不能接受的態度。」「除非雙方採取艱難和痛苦的行動，避免衝突，否則中國和美國將會因積累的衝突，走向戰爭」。

「因此正視現實非常重要。」

拜登上台之後，立刻把這一套理論的一部分西元前五世紀的古老故事，變成現實，把當時的歷史學家修昔底德（Thucydides）的著作《伯羅奔尼撒戰爭史》（*History of Peloponnesian War*），變成當代的歷史複製。

按照距離現在兩千七百年前的古董歷史著作，那個不可能預測核子武器時代的歷史，談美中注定一戰，其實有點荒謬。

不管在冷戰，在一九八〇年代美日經貿戰爭中，這套理論既無法適用，也很殘破。艾利森引用的「修昔底德的陷阱」，指的就是：「一個新崛起的大國，必然要挑戰現存的大國；而現存的大國，也必然會回應這種威脅，戰爭因而不可避免。」日本未曾挑戰美國這個曾經對它丟了兩顆原子彈的大國，日本只是拚命想賣汽車、家電賺錢，它未曾妄想挑戰美國。而美國為了保護自己的汽車業、電信業、半導體產業等，反向日本下手，日本立即一一照收命令，投降。

美蘇冷戰對峙四十一年，蘇聯沒有在最強的時候，直接挑戰美國；雙方爆發的都是代理人戰爭，例如韓戰、古巴革命和越戰。而且在古巴危機中，美蘇不是注定一戰，而是「注定」妥協。

因為核子戰爭的答案明顯易見，「大家一起死」。既沒有崛起中挑戰，也不需大國的回應，因為一開戰都死光了。一九六二年古巴飛彈危機，甘迺迪和赫魯雪夫只談判了十三天，雙方各自軟化，回到原點。而蘇聯在最絕望、尤其一九八九年柏林圍牆倒塌、蘇聯經濟走向破產時，也沒有發動戰爭。

不過，某些人的背景太顯赫，他使許多人離開了常識，進入他擘劃的軌道，開始了我們集體的魔幻寫實迷途之旅。

拜登上台後，這一派的顯學主導了白宮思考，我們所有的人，也都掉入了「注定一戰的艾利森陷阱」。

我們集體走入一齣恐怖片，從軍事到經濟衝突。

戰爭，戰爭，來了。

而臺灣，將成為第二個烏克蘭。

一直到近日，我終於等到美國財政部長葉倫的宣示。這位前柏克萊大學經濟系及哈佛大學教授，自美國總統柯林頓時期（美國主張全球化的高峰）即擔任總統經濟顧問委員會主席，歐巴馬時代擔任聯準會副主席及主席的經濟學家，處理了世紀性的金融危機。她終於定調了一個現實版的、常識版的美中衝突劇本，把我們拉出了恐怖戲院。

二〇二三年四月二十日，葉倫在約翰霍普金斯（Johns Hopkins）大學進行一場「揭示美中政策」約四十五分鐘的演說。重點如下：

(1)葉倫說：「我的目標清楚且誠懇，為了消弭噪音！」「誠如拜登總統所言：美國有責任避免任何美中『競爭』型態進一步演化成衝突。」

(2)美國並未尋求競爭以勝者全拿，相反的美國深信，公平規則下的經濟競爭是健康的，兩國才能長時間獲益。經濟學的基本原則是：永續且反覆的競爭，可帶來互惠。

(3)世界兩大強權在經濟上從來不該脫鉤。美國並未試圖與中國經濟脫鉤，若全面脫鉤，對美中兩國都將是災難，且會造成全球不穩定。「相反的，我們深切明白中國與美國經濟體是『緊密相連』，一個成長中且遵守規則的中國，可為美國帶來利益。」

(4)但與美國所有對外關係一樣，國家安全在美國與中國的關係中至關重要。美國之所以行動（指半導體管制）請容我表態，針對北京的國安措施，並非為了獲取經濟競爭利益，或者削弱中國在經濟與科技的現代化。「即便美國的針對性行動可能會產生經濟影響，但背後的動機，完全是出自美國對自身安全和價值觀的擔憂。」

(5)葉倫宣布近期訪問中國：「這就是為什麼，我計畫在適當時機前往中國訪問。我希望能與中國新任財長，在經濟議題上進行重要且實質的討論，在北京政府進行政治交接之後，我深信這項對話將協助奠定基礎，讓美中兩國負責任地『改善』雙邊關係，且在兩國與世界面臨的挑戰上進行『合作』。」

葉倫的談話翻轉了已經成形許久的美中關係：首先表態美中經濟不可能脫鉤，當然也不會有無知的「友岸外包」主張。這不是因為葉倫親中或是立場鴿派，而是現實。

二〇二二年烏克蘭戰爭，使美中注定一戰的聲浪達到最高峰。把中國踢出美國供應鏈，以印度等取代部分勞動代工，也成為美國企業的大布局。

但也是二〇二二年，商品貿易上美國進口最多的外國貨仍然是 Made In China 中國商品；雙邊投資上，美國企業在中國大陸仍然繼續投資一千兩百億美元，中國企業反向投資四百億美元，總金額在多國之間望塵莫及。

美國戒不了中國，中國也戒不掉美國。雙方如道德上不被允許的「斷背山」，在商業上只能緊緊擁抱，繼續纏綿。

其次葉倫的談話中不只沒有戰爭，即使降音至競爭，也要避免衝突，也要合作、改善、彼此互利，成長且遵守規則的中國對美國有利。

聽起來好像仇人變成愛人，但真實的現實是：⑴美中兩個核子大國，足以毀滅彼此；⑵美國至少十年內找不到像中國如此龐大的供應鏈，尤其消費市場購買美國貨。

前者叫常識，後者叫現實。

於是在要活著、要經濟穩定，以及要買賣賺錢的考量下，美中關係打下「間諜氣球」的鬧劇可以上演；美中經濟脫鉤、把中國趕出生產鏈，這不可行。

四月二十日之後，葉倫副手之一、主管美國財政部國際事務的副部長夏包和美國首席貿易代表戴琪都已不約而同改口，全部「向左轉」！紛紛拋出美中經濟不會脫鉤的新論調。

《紐約時報》評論葉倫的演說務實且積極，比起過去拜登政府其他官員更面對了「全球經濟的真相」。

CNN主持人、也是《華盛頓郵報》專欄作家扎卡利亞認為世界兩大強權開始了國際歷史上最令人毛骨悚然的實驗之一，那就是雙方進入了一場「穩定」且「不斷升級」的地緣政治競爭。但經濟上兩國又緊密交織，軍事上兩國都是核武大國。扎卡利亞認為，拜登政府已經意識到「小院高牆」的危險，因此近期不斷發出和解訊號。他以過去最激進的商務部長雷蒙多為例，雷蒙多開始把美國不會與中國經濟脫鉤掛在嘴邊。扎卡利亞提醒美國政府，別忘了習近平對美國的強硬路線，在中國內部一樣也很受歡迎，且數據顯示，美中貿易衝突已經導致美國在華利益下降。比較二〇一四年，通用汽車在中國的收入下跌了七成。

扎卡利亞語重心長表示：歷史上兩個世界大國上一回加劇地緣政治競爭，正是一八八〇年代到一九一四年間的英國與德國。而那一次三十年的衝突試驗，最後以一場摧毀大部分歐洲工業國家的一次世界大戰作為收場。

美中不可不慎。

葉倫、《紐約時報》及扎卡利亞的言語很偉大、很先知嗎？不，他們只是把我們帶回了常識，從月球帶回了地球，從恐怖片帶出了戲院。

奉勸各位，下次不要隨便走進戲院，或是走進了，也不要太入戲。

18

我們為什麼如此輕忽全球暖化？

太陽的金色中，如高貴的毒液，灑在人們身上。

二〇二三年，七月，我們正在見證地球創下了人類歷史的熱浪紀錄。

理由很簡單，過去三十年，也就是京都議定書簽訂之前，地球科學家三十年來的呼籲，一點效果都沒有。

全球二氧化碳排放量根據統計不只沒有下降，還不是小幅增長，而是大增六十％。

我們的文明面臨的最緊迫的問題是全球變暖。但全球領袖關注的都是戰爭：阿富汗戰爭、伊拉克戰爭、敘利亞戰爭……烏克蘭戰爭，還有近期的美中或許一戰。

於是當美國在阿富汗、伊拉克占領挫敗後，美國決定離開中東，回到國內全力發展頁岩油及頁岩油氣。

二〇〇九年，大成功了。

這使得美國在二〇二一年，成為全球最大石油生產國，但碳排放量也高達五十億噸，全球排名第二。

地球另一邊，美國最大的敵人，中國，在烏克蘭戰爭中目睹德國失去俄羅斯天然氣的困境，中國政府二〇二二年決定一次批准新建燃煤火力發電廠總裝置容量達一〇六百萬瓩（gigawatt，簡稱GW），為前一年的四倍之多，也是自二〇一五年中國加入巴黎氣候協定後，最大規模的氣候承諾背叛。

二〇二二年，中國五十六・二％電力來自燃煤，在此之前，中國政府本來目標很清楚，支持巴黎氣候協定，降低碳排放量，先增加天然氣，同時大量加強水力發電及再生能源。

在中國神話般西南險峻的山谷裡，瀾滄江的水正注入每一個機械鑿出來的水庫，貫穿著石山。那裡看起來更像古城般的兵器世界奇觀，這些難以想像的山中水庫，是為了支持貴州等地的大數據中心電力。

二〇二二年全球更暖化了，它導致一種惡性循環。那一年，中國西南部夏天既高溫又乾旱，水力發電量減產，並且缺電。

那一年，烏克蘭戰爭下德國缺電的例子，警醒中國政府，自主能源太低。一旦美國對中國發動海上石油天然氣封鎖式禁運，「全中國將陷入黑暗」。

中國的煤炭儲量本來世界第一，在這個相信戰爭的時代裡，「燃煤」因此等同於「國家安全」，成為中國無法顧及氣候承諾，國家安全能源的核心選項。

烏克蘭戰爭之前，二〇二一年中國大陸的碳排放量已經高達一一四．七二億噸，世界第一，未來只會愈來愈高。

印度呢？這個現在看起來如暴發戶幸運兒的國家，在美國印太戰略下，正成為國際經濟寵兒。當地的熱浪、土石流、洪災、颶風從沒少過；但這是另一個正在崛起中的新興經濟體常態。在這個階段，搶錢比人命重要，經濟成長高於一切。天災、人命，皆為數字。二〇二一年印度的碳排放量，已達二十七．一億噸。燒煤燒得天昏地暗，新德里經常是全球霧霾最嚴重的城市。等於歐洲一些國家努力減碳，使用再生能源的努力，全在印度增加的碳排放中抵消了。

二〇二三年六月、七月的地球，如寧靜的火焰，野火統治著加拿大，野火燎原帶來的霧霾飄往美國東北部。

六月六日諾曼第登陸紀念日那一天，紐約取代了新德里，成為全球空氣最髒的城市。自由女神站在橘色的天空下，如一名哲學家，哀悼城市的末日。

科學家說這世界快要完蛋，包括那些洪水和災難，但拜登除了撥款兩百億美元綠色計畫，包括補助美國本地電動汽車外，他只是靜靜地看，然後全力飛往立陶宛，投入北約高峰會。

他更重視美國如何藉機在烏克蘭戰爭中，把已經「腦死」的北約組織擴大——這等同擴大美國在歐洲的影響力！他迅速地和土耳其總統交易賣F－16戰鬥機，幾個小時後，土耳其同意批准瑞典加入北約組織。

美國在烏克蘭戰爭中已贏得最大的勝利，既削弱了俄羅斯，也阻止了歐洲戰略自主的趨勢。在大西洋彼岸，美國重新建立了久違的星條旗之國光榮，並且永久拿走了原本屬於俄羅斯在當地的石油及天然氣市場份額。

美國已大獲全勝，但美國約三分之一的人口，正飽受熱浪驚悚。

誰在乎呢？

千年一遇的氣候災難，這才開始，如一部電影的名字——就像這個夏天。

這才僅僅是一個開始。

根據科學家的估計，二〇五〇年，二十七年後，那個時候你可能三十七、可能四十七、可能六十七歲……我幸運地已經走了。

屆時全球的氣溫比一八五〇年至少上升攝氏一．五度以上，其後果的毀滅性，遠高於普丁、習近平、川普對美國、歐洲、非洲、亞洲，南太平洋，及人類的摧毀。

普丁不管炸什麼水壩、發射什麼高超音速導彈，他沒有能力同時在美國佛蒙特、紐約、德州、亞利桑那州、科羅拉多河，製造千年一遇的氣候災難。

美國喜歡找敵人，這形塑了「美國式的國家認同」。但美國的敵人，有另一個真實面。一份最新出爐的強降雨統計，一九五八至二〇一二年間氣候危機，已導致美國東半部降雨增加二十五%以上，其中東北部強降雨增幅最大，高達七十一%。

這次美國佛蒙特州在四十八小時內降下昔日約莫兩個月的雨量，並非意外。

這樣歷史性且災難性的降雨，足夠釀成上百億經濟損失，可以與建半個台積電工廠。

我看著電視上數千輛汽車在美國首府華盛頓也被洪水圍困，心裡想著：這何嘗不是一種政變？

七月紐約州的天空敞開，降下罕見的雨勢，他們稱之為「千年一遇」的事件；而才幾週前，同樣一片天空，帶來的是加拿大北部森林野火如橘色般最不健康的空氣，也不真實的世界。

人人被警告：待在屋內，不要外出。

野火霧霾同時吞沒了紐約標誌性的天際線，把帝國大廈包裹在烏托邦的橙色薄霧裡。

台積電正在建廠的鳳凰城，每日氣溫都在攝氏四十三度以上，最低溫至少三十五度。夜間無法散熱，對人體是極大威脅，對於裝不起冷氣的老又窮的人，是致命的謀殺。

德州也逃不了。巨大的熱穹頂扣住德州上空，破紀錄高溫導致電網如臨大敵，差點停擺。當地十三人死亡。

這是氣候的大規模屠殺。

美國西部和南部氣溫過高，甚至搞到攝影機在高溫下不耐使用而損壞。最後電視記者只能電話連線，拍不了畫面，比他們拍攝烏克蘭戰場還困難。

電視報導：「今晚，對許多人非常危險，其中又以佛州和西南部分地區面臨的風險最大。」

和戰爭的警報，有差別嗎？

他們說：加州死亡谷溫度超過五十度。

那是我們的未來？

《洛杉磯時報》自嘲，今年夏天的美國，好萊塢編劇通通罷工，根本不缺災難大片場景！

極端氣候幾乎席捲美國每一寸土地，從東北部的強降雨，到東南西南部的熱浪乾旱。

這樣的「圍城」，普丁辦不到，中國解放軍也望「塵」莫及。

它一舉突破一九七四年的十八天，美國最恐怖的氣候「攻擊」。當時科學家認為再次發生的機率，只有〇・一%。

但他們改口了。

史丹佛大學氣候科學家迪芬柏（Noah Diffenbaugh）表示：「不尋常的是這麼多地方，同時達到這麼高的溫度，非常明確的證據顯示，全球暖化使酷暑頻率增加、同時發生次數將增加。」

我撰文時，歷史性的高溫持續襲擊鳳凰城，危險尚未結束，而且目前看不到結束的跡象。

讓美國再次偉大。誰說的？川普。

我們為正義價值而戰！誰說的？拜登。

他們的語言，在霧霾、洪水、土石流、瘋狂的雨量中，如此輕而薄。

美國從佛州狹長地帶到加州沙漠，總共超過七千萬人處於高溫警告下。他們如果是工人，必須停止工作，沒有薪資。他們如果是病人、老人，可能不幸熱衰竭而死。

二〇二三年，戰爭，或是恐怖攻擊來自天空。一個核子武器、高超音速導彈、無人機殺人機器、深海核子潛艦……抵達不了的地方。

我們為什麼如此輕忽？

二〇二三年灼熱的氣溫席捲世界三大洲——亞洲、歐洲和北美。

在美國，約三分之一的人口發布高溫警告。在中國，採取措施限制在悶熱的天氣下，外出工作；歐洲七月中下旬，可能會出現歐洲有史以來最熱的氣溫。

二〇二二年歐洲熱浪，死了六．一萬人。二〇〇三年，夏季熱浪死了七．七萬人，當時北非撒哈拉沙漠的熱空氣席捲歐洲。過去幾年，歐洲已在六月法國南部出現攝氏四十六度高溫，七月在荷蘭和比利時也出現攝氏四十度以上的高溫。氣象學家並不驚訝，三十年前他們已預測南歐及南法將撒哈拉沙漠化。

氣候變遷如電車，隆隆駛過我們的每一年，車輪在不同地方旋轉，但它們不是如遊樂場的木馬，不是恐怖組織，它們是我們所有全球武器集結起來，無法打敗的敵人。

這個敵人，是我們的祖先到我們這一輩，一代一代共同製造的。

它因煤塵，而壯大。

暗淡的玫瑰在花園生長，黃蜂肆虐在荒煙的乾枯田野，那一年我三十五歲，第一次看到地球科學家的報告。

現在，我六十五歲了，電車更快地行駛在各個國家。它沒有固定的方向，它襲擊每個地方，它看不懂俄羅斯的悲情侵略，它不知道什麼叫印太戰略。

從草地上它認出濕地的萬壽菊，蒙上一堆灰粉，香氣不見了，倒吸一口氣，我想，有一天地球上所有敵對或盟國都將一起到達最後一站，那個時候，他們才明白，這整個世紀我們討論的所有事情，意義全部消失。

只有氣候變遷存在。只有集體的嘆息：我們為什麼如此輕忽？

或許，地球還會留下幾個老年婦女，安靜地談論著食物如何取得，莫名的疾病，還有那些曾經的、愚蠢的回憶。

19

那時我不在了，但我會記得這些被遺忘的人們

川普正在喬治亞州監獄自首，他表示：「我著實相信這對美國來說是非常令人悲傷的一天，這本來不應該發生，只因為你挑戰一場選舉（結果）。」

川普把自己的選票犯罪案件，當成美國悲傷的一天。他忘了，夏威夷茂宜島拉海納小鎮的居民，那裡近四百人失蹤，至少一一五人死亡，活下來的不知道未來在哪裡，他們失去了一切，除了一條命；而

家人仍在燒燼的黑灰中，成為「失蹤的一個名字」。川普是否坐牢的悲傷，不到拉海納居民的萬分之一。

拉海納多數人的家人及家園再也不存在了，以一種最悲慘的方式告別了所有曾經擁有的。他們正住在暫時收容的飯店，每一個夜晚，好像夢一般。不，這不是真的。人，怎麼可能在幾分鐘的時間內，因為氣候乾燥加上電線走火，即失去所有？

拉海納（Lahaina）在夏威夷語裡是「烈日」的意思。如今這個曾經滋養著近十二萬人的太陽之地，並未上演伊索寓言裡〈北風與太陽〉的結局，烈日最終敗給了北風。那一天，短短幾個小時內，火勢迅速蔓延，風速高達每小時八十一英里、約一百三十公里，這意味著大火每分鐘就要推進一英里。

拉海納鎮茂宜島繁華的市中心，現在已是灰燼、瓦礫和廢墟。大火席捲了這個沿海小鎮，留下一堆陰燃的煤渣。房屋只剩下破碎的空殼，在灰濛濛的餘波中，街道上到處都是無法辨認的殘骸，汽車被遺棄於火場中，屍體蜷曲於某個角落，燒成白骨或是灰燼。一個來不及逃出的男孩，抱著他心愛的狗，兩個骨骸相望，海風仍然吹進屋裡，目睹的人，淚水凝固，無語。

大火之後兩週，拉海納的居民馬格羅夫（Jason Musgrove）每天都在試圖弄清楚他的母親是活還是死，他和繼父驅車前往茂宜島附近的避難所、診所和援助分發點，在希望和絕望之間徘徊，他就像數百個其他家庭一樣，在大火後不斷尋找親友。馬格羅夫一直到處問：我的母親，六十九歲的威克莉（Linda Vaikeli），是否是燒傷病房的無名氏？她是不是精神創傷太大，無法打電話給家人？為什麼始終沒人能回答？

這場大火標誌著美國一個多世紀以來最嚴重的野火。但它既不在川普前總統的腦海裡，也不是拜登總統的施政重點。

拜登更重視和中國的對抗。他忽略了夏威夷的世紀悲劇，也不想了解中國河北省的恐怖水患。他聚焦的是中國正面臨四十年來最大的經濟危機，以及華為是否已在祕密製造半導體工廠。他不在乎鳳凰城如地獄般的夏季，過去兩個月至少四十一天溫度在攝氏四十三度以上；他在乎台積電搬來了沒有，是否來得及在二〇二四年，足以成為他的政績，幫助他在亞利桑那州這個搖擺州，拿下十一張選舉人團票。

習近平在八月二十三日踏上南非金磚國家峰會，他是這裡真正的男主角。他將領導金磚國家，重新定位開發中國家，為他們發聲。他希望創造一個多極的新全球秩序，挑戰以美國為首的「全球北方」西方霸權。為了國家安全，他必須擱置清潔能源的承諾，以煤炭力保國家的能源安全。

但他沒有為河北、房山、黑龍江失去家園的民眾發聲。他無視一個叫杜蘇芮（Doksuri）、韓語單詞的颱風，直撲了北京、河北，直到中國東北黑龍江。杜蘇芮的意思是老鷹，雄偉的鳥，征服了北京、河北、黑龍江。對中國河北人來說，這是百年未見的災難。

「此時此刻，我們偉大的主席在哪裡？」

當地政府甚至忽略涿州民眾居住的地區本屬於低窪氾濫區，不得開發，當地政府也忽略杜蘇芮代表的洪水意義，河北的民眾責怪政府為了保北京，犧牲了河北。

對於一個「家全毀」的人，根本無暇顧及金磚五國變成十一國，那些外交及經貿出口的勝利，無法幫助受困的民眾水淹二樓、無法恢復北京郊區房山一堆房子已直接夷為平地。

對河北涿州這座擁有六十五萬人口的北方小城，一夜之間成了一片汪洋，金磚會議實在太遙遠。

杜蘇芮暴雨對於中國領土的侵襲，居然來到遙遠的黑龍江。這裡的人只識凍寒的冬天，很難理解什麼叫颱風。黑龍江農作物洪水受災面積達三八七萬畝，東三省之一的吉林也成了颱風重災區，最大降雨量出現於舒蘭市永勝林場，達到五〇一・一毫米，它是歷史最大值一〇三・六毫米的整整五倍。

老東北人說：一生從沒見過這麼大的水。而習慣全面掌控權力的習近平主席對此現象，束手無策，未置一詞。

印度呢，正在慶祝自己成為登陸月球的大國。

這一天是印度的獨立慶祝日，但四十五歲的蘇曼講述八月十五日當天，她家被洪水沖垮倒塌的悲慘景象，她的聲音顫抖哭泣著：「我看到我家房屋倒下、崩塌，成為一堆廢石。你們無法體會我的感受。」

登陸月球，救不了她的人生現實。

炙熱地獄也蔓延在加拿大基洛納山區，每個小時，麥克杜格爾溪野火都在向城市步步進逼，成千上萬房屋面臨危險。這個夏天，加拿大接連上演的生態驚悚片，連北極圈小鎮，也沸騰燒起了森林野火。黃刀鎮位於北極圈以南四百五十公里處，約兩萬居民生活在此。過去因為寒冷，這裡是人口稀少的北部地區定居點之一，兩萬居民最後都接獲撤離命令，野火已經燒到城郊外。

加拿大長達四個月的森林野火，從東岸燒到西岸，一個寒冷、極光、冰川著名的國家，今年夏季卻如希臘，炙熱難耐，至八月底已燒毀超過希臘國土大小的林地。

地球科學家的說法是：我們挽救人類可居住的環境，將氣候暖化上升控制在攝氏二度的可能性，現在差不多結束了，氣候變遷跨過了我們可以控制的範圍。

自二〇〇九年哥本哈根氣候變遷大會，地球較工業革命前升溫攝氏〇・九度，如今不過過了十四年，我們已經升溫一・一度。我們已經過了科學家所謂的「關鍵點」，而且我們、尤其那些領袖們一點也不慚愧。

根據統計，去年全球投資於化石燃料的資金是七十兆美元。

上帝需要眷顧如此貪婪又無知的人類嗎？

這是一組人類是否能持續生存的隱喻，掌權者以暴力的方式，摧毀下一代任何可以挽回地球的可能性；等到災難發生時，再以廉價的同情，短暫的撫慰災民。

霸權持續在全球競爭，版圖從拉丁美洲、非洲、印太、澳洲，甚至到了太平洋小島國。

當美國國務卿布林肯搭乘專機抵達南太平洋國家時，他應該不會注意到那裡的孩子，每日上學時，已經必須涉水；那裡的官員貪污腐化後賺飽了錢，已經移民紐西蘭。全球氣溫只要再上升〇．四度，這些島國將被淹沒。

對那裡的居民，這不是遙遠的事；可能二〇五〇、二〇六〇年，也就是三十多年後，依照現在暖化的速度，這些人或者被他國接納成為世界首批氣候災民，或者漸漸成為連呼吸、活下來、一個可棲身之所都不得的難民。他們將集體葬身海底；在清澈的海水中，嚥下最後一口氣，這裡的民族將集體滅絕。

我在紐約新社會研究所的老師查爾斯．蒂利（Charles Tilly），一位八〇年代最著名的歷史社會學家，有句名言，如今被廣泛引用：「國家發動了戰爭，戰爭又塑造了國家。」

但那是沒有氣候變遷奢侈的二十世紀初，一群熱衷民族國家建構的狂熱主義者，「創造」了第一次世界大戰，蒂利目睹了歷史錯亂的循環，寫下這段文字。

如今它卻被毫無反省地摘錄下來，甚至成為鼓動戰爭塑造國族認同的工具。

但氣候的戰爭，既不是由國家發動，也不會塑造國族認同。在氣候的戰爭下，大國束手無策，小國等待徹底的滅亡。人消失了，在大海中、在大火中、在飢餓中、在洪水中……失去一切。

發生在夏威夷拉海納小鎮、河北涿州、阿富汗乾旱飢荒、希臘一週約三百五十起野火，那些人民的命運，並沒有差別。

剎那間大火來了，下午六點左右，拉海納當地一位男子從後門往外看，屋外的山上正燃燒著一排的大火，風勢強烈，天空的顏色詭異。這位叫烏海努伊（Charles Uahinui）的男子回憶，幾分鐘之內，大火產生的煙霧已在他家附近的上空若隱若現，然後再僅僅一個小時後，火勢已到達了他家街尾。根據手機，當時是晚上七點五十二分，他家後院完全著火了，火勢實在太猛、太烈了，感覺就像正站在噴火機前方，他的身體瞬間渾身冒起了燙傷的水泡。他抓起正在服用的藥物，逃出家門，此時才發現整個街區都被大火吞沒，火燃燒的速度超過他奔跑的速度。於是他騎著自行車，一直拚命往前奔，後面他知道他曾成長珍視的所有記憶都被毀掉了。

根據茂宜島後來揭露的統計，整個拉海納百年城鎮在短短五個小時內，全部化為灰燼。即時逃出活下來的居民，改乘船同行，船載著各種居民手上可以抓出來的東西，從睡衣、嬰兒車到鍋碗瓢盆的所有東西，居民們以人力接龍傳送到岸邊，上了船沒有人願意回頭看看正在火燒的家園，太痛、太恐怖了。他們直視前方，抵達安全的茂宜島另一端海岸。

這些人是美國的居民，他們不是敘利亞難民，但野火給他們的時間，比敘利亞戰火更少。

他們的國家是世界上最富有、最大的霸權，人均八萬美元，遠遠高於中國的人均一萬三千七百二十美元；或許他們的民主現在有點麻煩，但這些數據、現象、世界第一，對與野火搏鬥的他們，了無意義。

國家在哪裡？讓美國再次偉大在哪裡？AUKUS是什麼？白宮的半導體戰爭、二〇二四年大選前川普面臨多少官司，在他們看來很悲涼。

「In God We Trust」美國國會議場兩百多年貼上的標語，如今更突顯當代政治的荒謬性。尤其那個火燒兩星期之後，才姍姍來遲的拜登，他的到訪對於居民，已無感受。

他們根本不知道人生從何開始？如今他們可以做的事，就是陪著不同的鄰居在大海中，灑入已成灰燼的家人骨灰，請求上帝保佑亡者安息。他們也在燒燙傷中心穿梭、尋找那些面目全非的女人，有沒有一位就是自己至今仍然找不到的媽媽？

上帝很遠，白宮更遙遠。這些人完全不能明白為什麼自己的國家如此熱衷所有的事，除了氣候變遷？

看著河北居民的抗爭、夏威夷茂宜島的悲劇，其實每個人都該問相同的問題：自己是否就是下一個？

根據夏威夷州的氣象數據，由於全球暖化加上聖嬰現象，二〇二三年夏威夷平均氣溫比一九五〇年高出攝氏二度；從一九二〇年到二〇一二年，夏威夷州有九十％以上的地區變得乾旱。在火災發生前，茂宜島早已處於紅色警報狀態：高溫、乾旱，還有遙遠的颱風，足以構成野火燎原；但當局沒有人在乎！

如果拉海納的殘骸是來自中國「偷襲珍珠港」？全美可能沸騰，國家意識高漲，宣戰了！

但敵人來自全球暖化，這些領導人，選擇「無感無奈」。

加拿大在二〇二三年發生的野火事件對世界是最後的警鐘——無人無國可以例外。

自一九四〇年代以來，加拿大因暖化大幅改變了溫濕度，根據科學家統計燃燒化石燃料所引起的氣候變遷，讓加拿大野火天氣發生的強度增加了二十％到五十％，以致於二〇二三年野火覆蓋的面積相當於兩年前的三倍。科學家還預測類似事件在未來加拿大的發生率，至少增加七倍。

而歷史性的乾旱導致水位下降，巴拿馬運河部分船隻被迫部分卸載才能通過。

炙熱的高溫正打破美國中部百年紀錄，八月下旬奧克拉荷馬州氣溫高達攝氏四十三度，全美本土最熱。

隨著美國墨西哥灣沿岸的高溫炙烤，與高溫相關的傷害正在襲擊海上鑽油平台的工人。

氣候科學家們在今年夏季警告：南極可能正從地球的冰箱變成暖氣，所有人都該心生警惕，無人無國可以倖免。它意味著南極洲原來反射陽光的能力大減，地球除了溫室氣體排放量不斷增加帶來暖化之外，得吸收更多熱量。也就是不必再加入聖嬰現象，全球破紀錄的海陸高溫，將因此年年上演，年年破紀錄，並發生在不同地方，目睹一連串不可思議的極端氣候。

差別只是抽到籤的是否是你的國家？你的城市？你的社區？

這不是觀看他人的災難，而是預知自己未來的災難。

全球應對氣候變化的普遍心態，以為那些電視新聞上的災難都只是遙遠的黑天鵝，殊不知一轉眼間龐大的灰犀牛，也會降臨你的國度。

當在討論未來ＡＩ科技是否可能毀滅人類時，地球科學家說可能全球暖化的速度，會超過ＡＩ的技術發展速度，氣候變遷已使大多數的人類，不存在了。

那時一個小女孩輕聲叫起：「彩色蝴蝶」，淡淡的黑髮淺淺的眉，她可能是少數看得到蝴蝶，少數可以存活的人類。

那時我已走了，只能無聲祝福無辜的下一代。

20 美國的新全球主義：拜登的搖籃曲

這是七十年來，美國外交政策最大的修正。但它不會回到孤立主義。美國新的全球主義也不是一天、一個月、一年，或一任總統形成的。

美國的新全球主義在歐巴馬的第二任最後一年、川普的四年，再交到拜登手中，才逐漸形成如今修正後的美國外交政策。

過程中，它像一首搖籃曲，先在經濟上擺向否決ＴＰＰ；戰場上擺向與塔利班政府簽訂和平協議，從此決心退出中東；接下來形成比印太戰略更具體的ＡＵＫＵＳ。

有些戰略專家已經迫不急待稱：美國已經回到一九四一年羅斯福總統之前的孤立主義。

這樣的推論相當粗糙，也不足以解釋美國正在南太平洋進行的ＡＵＫＵＳ，共十三國史無前例的軍事演習，還有已經快要計算不清的烏克蘭軍援。

首先，美國不會、也不可能輕易退出全球主義。比較嚴謹的說法：它只是退出了杜魯門氏的美國參戰模式的全球主義。

美國目前絕對需要龐大的國際軍事外交影響力，確保美元，確保世界秩序往對美國經濟有利的方向前進，確保市場已漸漸喪失信心的美國國債仍有人繼續購買，確保中國不會再崛起、無法挑戰美國第一，確保美國出口的石油天然氣在全球拿走俄羅斯的份額後再打敗OPEC……

以下幾個數字對美國本來應該是霸權衰落的危機號角。

首先全球央行持有的美元資產，正從二〇〇七年約七十三%，二〇二三年六月已經降低至約五十九%。這和中國、人民幣幾乎沒有關係。中國至今還是擁有美國國債世界第二，即使二〇二三年五月，仍持有八千四百六十七億美元國債。全球央行減少持有美元，包括歐陸大國，提高黃金儲備，主要還是對美元及美國國債沒有信心。

美國國債除了不斷提高法定上限以及令人瞠目結舌的兩黨惡鬥之外，國債本身就是危機，它已占美國GDP總量一一六·一%，在全球債務國中，美國排名第五。

美國學者一直誇張地談論中國債務，那是算入民間、企業負債。

若以總量GDP計算，中國身為債務國全球只排名十七，債務比率為七十八・六％。

美國如果不維持它在全球的軍事及政治影響力，債務危機比中國嚴重；它如何讓美元永續，尤其是維持世界貨幣的地位？

每個人都喜歡創造理論，尤其是國際戰略專家。但如果回顧一九四一年，美國如何從孤立主義跳向全球主義，它除了是意外的歷史經驗外，也是一點一滴累進的過程。

在一九四一年十二月之前，如果不是日本偷襲珍珠港，美國人始終相信「沒有戰爭」是美國崛起打敗大英帝國的原因。這是美國孤立主義的背景。

但歷史在那個時候，賞了美國孤立主義一巴掌。一九四一年十二月，日本偷襲珍珠港後，美國被迫參戰。那已經是第二次世界大戰打了兩年又三個月；歐洲大陸已經大半被希特勒征服。

而日本偷襲珍珠港，在日本歷史學教授的研究中，純粹是「瘋狂的思想」超越了理性；也是一個意外。日本在那幾年對中國的戰爭中，已經耗盡人力和資源，經濟每況愈下，日本統治階層對於是否繼續軍事擴張主義甚至嚴重分裂，軍隊高層也不乏質疑者。

當一個政治體制失靈時，它同時會走向瘋狂。於是東條英機所營造的愛國主義與反美情緒，竟然籠罩了整個日本社會，讓所有在決策圈內理智上抗拒對美開戰者，不敢公然反對。這股席捲整個社會精英階層的非理性情緒，從此改變了日本、美國、中國，甚至全世界。每個東京首府的決策明白人，皆眼睜睜看著「它」發生，沒有人在當時的氛圍下敢說：不。

而被迫上場的美國，卻意外發現參戰的好處。「孤立主義」是錯的！從歐洲戰後歷史專家的角度看，那不到四年的意外參戰，美國可是「嘗盡了甜頭」。

美元在戰後成為世界貨幣，直到今天。美國在大蕭條後一直解決不了的高失業率，因參與二次世界大戰，而大幅下降至一．二％的完美境界。

歷史於是走向下一頁。

一九五〇年六月二十五日清晨，韓戰爆發。史達林、金日成、毛澤東，都還活在「美國孤立主義」的印象中，他們判斷本來是裁縫出身的杜魯門，不過就是「紙老虎」，他不會參戰。但六月二十七日，三天警告後，杜魯門——大出意外——向北韓宣戰了。

於是三年之後，錯估形勢的毛澤東、金日成在美國原子彈威脅下，一九五三年七月二十七日退回原三十八度線，繼二次大戰後，美國再度戰勝。

美國從此啟動它「相信參戰」的全球主義，包括參加越戰、波斯灣戰爭、阿富汗戰爭、伊拉克戰爭……以及半套的利比亞戰爭……。

這幾場戰爭中，除了波斯灣戰爭，美國皆付出重大代價。也就是二戰後，包括韓戰，美國共打了六場戰爭，二勝四敗，而且敗時敗得灰頭土臉，經濟損失慘重。

二〇二一年八月三十日深夜，歷史性時刻。美軍在阿富汗的最高軍事指揮官麥肯齊（Gen Kenneth McKenzie）將軍搭乘一架C17飛機，離開喀布爾，美國大使也在飛機上。

飛機起飛後，塔利班以槍聲表示慶祝。那次的離開，是美國七十年全球主義的死亡。

當時拜登表示，從阿富汗撤軍，將「結束美國通過大規模軍事行動，改造其他國家的時代」。

很少人注意到他這句話所代表的歷史意義。

我們熟悉的美國全球主義結束了，它將以另一個面貌出現。但那個新的戰略，不是孤立主義，而是在孤立主義和大規模軍事行動中，尋找一個新的平衡點。

就在這一刻，普丁和澤倫斯基獻上了「烏克蘭」。

二〇二三年七月初，CNN播出拜登北約峰會行前與頻道知名主持人扎卡利亞在白宮進行的獨家專訪。

兩人實際對談長度遠高過剪輯後的播出內容，聚焦在烏克蘭問題上的一二〇〇秒，卻像一面鏡子，折射出美國在極力維護世界霸權地位時，做出的「修正」。

拜登再次強調「戰場必須限制在烏克蘭」……「這是一場取決於

彈藥的戰爭。烏克蘭即將用罄，我們的彈藥也所剩無幾，所以最終我聽從五角大廈建議：不是取之不盡，而是在這段過渡時期，只要美國有多的一五五毫米榴彈砲，就提供烏克蘭，包括集束彈。」

在烏克蘭戰爭中，拜登宣示了美國的新全球主義。這樣的新全球主義，無論二〇二四年美國總統大選投票結果誰當選，可能都會遵循相同的原則。包括與我們息息相關的臺海戰爭。

(1)美國不參戰，只提供武器。

(2)戰場只限於當地，不得擴散至美國及其盟國，避免美國依彼此盟邦之協議，被迫捲入戰爭。

(3)戰爭時間不可拉太長，必要時使用重大毀滅式武器，以及新科技如殺人無人機……迅速取得戰果，接著立即談判。

美國蓋洛普民調公司二〇二三年七月一項民意調查指出，七十九％民主黨人希望協助烏克蘭收復失地。相比之下，四十九％共和黨人希望盡可能提前結束戰爭——即使這會讓俄羅斯人透過武力獲得烏克蘭的領土。

美國支持烏克蘭的聲音仍然占上風，但時間拖久了，這樣的財政支出勢必影響美國經濟，增加已不能再承受的高債務。

因此，烏克蘭戰爭，不只是烏克蘭。

它是美國新全球主義的示範及實驗。

如果成功，烏克蘭模式將傳承下來；如果失敗，美國的新全球主義會再次修正，但兩大原則不會改變。

第一，美國不參戰；第二，美國一定會干預，至少使用ＳＷＩＦＴ及經濟制裁手段。

但無論如何，美國絕對不會退回孤立主義。即使幼稚園國際政治知識的川普當選，也必須捍衛美元，及確保美國國債的可延續性。

回顧杜魯門的全球主義到修正，它花了美國整整七十年以上。即使越戰敗了，阿富汗、伊拉克皆陷入泥淖，仍然延續很久。美國外交政策的改變，只有在少數時刻會有針對某一個衝突出現政策性的大翻轉（例如尼克森訪北京）；美國的外交政策向來保守、傳統、謹慎、延續性、微調。

除非他們嘗到了甜頭（二戰），或是嘗盡了苦頭（阿富汗戰爭）。

其中邊打邊談，邊升高戰事到一個階段，同時進行祕密談判，最值得臺灣人重視。

二〇二三年七月初，烏克蘭士兵還在烏東前線，面對地雷、水淹，進展緩慢且痛苦時，美國學界、政界以及輿論對於開啟與俄羅斯外交溝通管道，呼籲聲已經愈來愈大。

美國三大電視網的國家新聞廣播公司（NBC）獨家披露，華府人士與莫斯科方面的代表，實際上在二〇二二年冬季末了幾個月，已進行多次祕密會議，其中四月於紐約進行的一場密會當中，美方智庫學者甚至與俄羅斯外長拉夫羅夫，見面，搭上線，官方則展開至少一次美俄間睽違多時的準對話。

根據NBC新聞：這場會談的美方代表，都是曾經任職白宮、國務院或五角大廈的重要人士，而且對於俄羅斯事務，或是前蘇聯事務，或是歐洲事務，都是有豐厚經驗的前朝官員。其中包括哈斯（Richard Haass），他是即將退休的外交關係協會理事長，也是外界非常熟悉的資深外交官。

這幾場會談的主要議題，都是討論烏戰的可能退場停火的策略。

烏克蘭戰爭必須在戰場之外，同時開啟外交管道，雙軌並行，尋找停火解決方案的呼聲，並不突兀。

從前美國國務卿季辛吉、軍事智庫藍德公司與卡內基國際和平基金會，各大外交期刊的頭條版面上，二〇二三年，烏克蘭戰爭一年後紛紛響起和談之聲。

根據NBC、《紐約時報》及《新聞週刊》，報導引述美國外交官員的消息，四月美俄已密會，代表美方出席的兩名關鍵人物：一位是美國智庫外交關係協會理事長哈斯，另一位是喬治城大學外交事務學者庫普昌（Charles A. Kupchan）。他們在七月份的《外交事務》（*Foreign Affairs*）期刊上，聯合發表一篇長達兩萬字的俄烏停火說帖。論文的一開頭即指出現階段想要結束戰爭，既要打，也要談。他們認為，俄烏雙方目前仍有未實現的戰場目標，皆自認有機會取得更多戰果，因此此刻雙方馬上走上談判桌，並不切實際。

兩位學者提出了分階段雙箭頭烏戰策略：第一階段，在年底冬天前，以最大力道和最快速度協助烏克蘭提升軍事力量，設法奪取最大戰果。第二階段等到年底入冬，戰爭季節告一段落之後，二〇二四年烏克蘭及俄羅斯總統大選也皆結束後，華府適時介入俄烏之間，發起外交攻勢，向基輔與莫斯科雙方同時提出停火協議與和平方案。

哈斯接受訪問時表示：你說俄羅斯快輸了嗎？有可能……有人說普丁正在兵敗如山倒，俄軍士氣一落千丈……但我對此抱持懷疑態度……至少目前如此，你看克里米亞，當地民調還是大部分人支持俄軍。所以我的評估是，烏克蘭有可能奪回部分失土，但俄羅斯真會如某些人所預測的輸光光？雖然不能排除這個可能，但我仍未看到具體的跡象。

曾在布希政府時期擔任國務院顧問的哈斯認為，雖然烏軍目前士氣高昂、西方供輸源源不絕，但這些優勢碰上俄羅斯單純以數量取勝的人海戰術時，頂多只能打成平手，形成僵局。因此西方必須設定終戰策略，此策略不應該以推翻普丁，或打倒俄羅斯作為最終目標，而應以協助烏克蘭在談判之前，取得最大戰果，為階段性任務。為達此目的，從此刻到年底這段時間，西方不但不需要忌憚普丁的核威懾，自我設限，更不要減少對烏克蘭的軍援，反而應該加速運送新型武器和優勢軍火，包括F－16戰機和長程飛彈給烏克蘭，以協助烏軍盡可能在年底前拿回最多的領土，同時壯大烏軍聲勢，以便為第二階段的外交談判，籌措盡可能最多的交換籌碼。

拜登政府的烏克蘭政策，正在往此方向循序漸進。

這是拜登上任後，逐漸成熟的新全球主義的思維。一方面美國總統拜登繼續吶喊：美國不會動搖！我們絕不動搖！我是說真的，美國對烏克蘭的承諾不會減少，我們力挺民主自由，今天，明天，一路到底！

然而台上的口號是一回事，底下的政治現實，卻是任何一個頭腦清楚的政治學者與外交幕僚，都無法逃避的美國終戰利益。

哈斯與庫普昌在烏克蘭止戰計畫的第二階段中，明白點出了歐美對於烏克蘭的軍援力道，絕對不可能直接按照政治人物字面上所說的，直接理解為「一路到底」，永無止境。事實上，隨著上一筆軍援法案撥下來的預算逐步用罄，共和黨掌控的眾議院對鉅額外援的不滿日益堆高，加上二〇二四年總統大選季節即將開跑，華府一年多來都順著烏克蘭的政治風向，可能即將生變。此外，歐洲國家目前雖與華府挺烏立場一致，然而包括德國、法國、英國、加拿大——都正面臨戰爭所衍生的通膨、烏克蘭難民等內部問題。等到二〇二三年底，當這些北約國家可能再次捫心自問，看著自己國內經濟衰退或是停滯，該不該繼續幫著烏克蘭這麼打下去，恐怕到了二〇二四年將是完全不同的態度。

喬治城大學國際事務教授庫普昌提出「以色列模式」：烏克蘭必須和以色列一樣，有能力自衛、保護自己，而且繁榮發展……不是執著於拿回多少領土，「我擔心的是某些人的堅持，反而會害了烏克蘭，所以我提的方案是首先要確保烏克蘭的存續，不管是九成領土，九成五，九成九還是全部拿回來，重點在烏國的健全發展！」

根據兩位智庫學者的止戰計畫，到了年底，等戰火告一段落，戰果塵埃落定，趁著雙方兵疲馬困，美國可以順勢提出停火協議，要求俄烏雙方的部隊和武器裝備，都各自從前線撤回，形成一個非軍事區，並且由中立的國際組織，例如聯合國或歐洲安全與合作組織派員長駐，監督停火協議的執行，同時也尋求中國與印度的背書，以敦促莫斯科對於停火協議的意願。

美國的國力比起一九四五年，當然已經大幅衰退。但在美中經濟衝突中，僅僅兩年，美中總量GDP已經在三年中，中國從逼進美國總量的七十三%，下滑至七十一%。下滑的數字很小，趨勢卻很重要。在美國國內貧富差距、種族對立、政治立場分歧，如「內戰」般的情勢下，美國不會是韓戰的美國；甚至不會是一九九五－九六年，毫不猶豫派出尼米茲航母戰鬥群協防臺灣的美國。

美國必須維持第一，美國正在衰弱中，美國要捍衛它的全球利益才能讓美國持續發展……美國不能再參戰，耗盡如阿富汗戰爭二・三兆美元的代價，換得的一無所有。

美國的全球新修正主義在這些「難為」及衝突中，慢慢地，醞釀出原型。

美國無法左右這個世界每一個角落，無法寫下每一個字，但仍然必須維持「美國優先」的地位。

於是打與和，干預又不參戰，不脫鉤但去風險，同時並存。這個新全球主義形同搖籃曲，晃蕩著整個世界。敵人無法完全參透它、忽略它；坐在搖籃中的嬰兒，例如烏克蘭，例如臺灣，也免不了暈頭轉向。

睡吧！我的寶貝，我不再是你全部的依靠，好好長大，你必須捍衛自己。

搖籃曲的歌詞，已經改了。

躺在其中的嬰兒，醒了嗎？

21

一千個深淵——兩個宗教，一塊土地，猶太復國主義之惡

它是恨的故事，但這個恨的故事太長了。

長到一千年前，沉至一千個深淵。

深淵裡一塊土地，兩個宗教，兩個上帝，兩套聖書。

自從以色列建國以來七十五年，舊約在此是一本用血刻寫的聖經。那個血，不再是納粹曾經屠殺猶太人的血，而是猶太復國主義七十五年來，藉由英美國際強權，以上帝之名，以屠殺搶奪之實，所沾

的巴勒斯坦人之血。

強行掠奪，強行占領，強行「屯墾」，無差別攻擊平民百姓的住宅、孩童的學校、病人的醫院。

二〇一四年聯合國前祕書長潘基文奔走以巴和平，他到了加薩走廊，強烈譴責以色列：「在我前往杜哈的路上，又有數十名平民在以色列軍方對加薩襲擊中遇害……我譴責這項殘忍的行動。」

二〇一六年十二月二十三日，聯合國安理會通過決議，譴責以色列再度占領巴勒斯坦人的領土違反國際法，並要求以色列停止一切「占領式屯墾」，以挽救「兩國方案」。

決議獲得十四票贊成，一票棄權。

投棄權票的是「美國」。

於是在無數次的絕望後，恨的火箭穿過以巴邊境迷惘的月光，火光熊熊燃燒，燒在音樂祭中的以色列青年身上。他們恐懼，他們哀嚎，他們痛苦地死去，那是巴勒斯坦復仇主義的勝利；火箭再度穿越；向來只攻擊加薩走廊的以色列，五十六年來，第一次遭受本土攻擊。哈瑪斯總共向以色列境內發射至少五千枚火箭彈。

這個代號叫「阿克薩洪水」的軍事行動，已註下加薩走廊兩百萬巴勒斯坦人，未來可能遭受大規模屠殺的命運。畢竟以色列是中東最大的軍事大國，擁有核武，而且必然獲得美國的軍事協助。

這場充滿血腥的以巴悲劇，幫助了政治處境正陷入谷底，向來好戰，心中沒有一絲和平理念的納坦雅胡。

他抓住了權力勝利的利刃，戰爭第三天，即下令十萬軍隊包圍加薩走廊，斷水斷電斷燃料，並且阻斷他們逃往埃及的人道走廊通道。

以色列軍方發言人說：「我們將到達每個城鎮角落，直到殺死所有的恐怖分子」。

美國白宮在哈瑪斯攻擊以色列時，片面定調為恐怖主義，美國以脆弱的道德、虛偽的失憶，第一時間升起以色列國旗。

好似這裡第一次發生攻擊平民事件，好似以色列從未曾殺害加薩走廊的巴勒斯坦人。

美國中央司令部當地時間十月十日宣布，美國海軍「福特」號航空母艦已抵達地中海東部，「威懾任何試圖升級或擴大以巴衝突的勢力」；華盛頓另外調動了美國空軍的F－15、F－16和A－10戰機，增強該地區的戰機中隊。以色列總理納坦雅胡十月十日致電美國總統拜登，這已經是他們四天內第三次通話。拜登譴責哈瑪斯，稱其對以色列發動的突襲為「邪惡行為」。

歐盟外交與安全政策高級代表博雷利則在譴責哈瑪斯外，批評以色列全面封鎖加薩走廊，明顯違反了人道主義及國際戰爭法。人民有逃亡的人權，加薩走廊的巴勒斯坦人，並非哈瑪斯領導者。

歐洲當年也是猶太復國主義的支持者，但至少他們心中有把尺，他們沒有升起以色列國旗。法國的《世界報》稱納坦雅胡就是哈瑪斯，意思是他們都是恐怖主義者。

以巴衝突一直是美國身為國際領導者，重大的道德墮落。

美國的媒體如此報導哈瑪斯在以色列南方的殘忍攻擊——ABC電視台在戰爭最前線的第一手觀察：哈瑪斯發動猛攻的以色列南部占領屯墾區卡法阿扎（Kfar Aza），以色列將軍表示老弱婦孺不管是否躲在安全處，都被殘忍殺害，這就是一場屠殺！以色列軍隊在事後挨家挨戶檢查，包裹屍體，發現很多人即便鎖在家中，也被燒死、被砍頭，包括嬰兒在內。

這個新聞在美國ABC、NBC、CNN等大媒體以頭版頭條報導哈瑪斯斬首嬰兒後，傳播了全世界。但半島電視台引述哈瑪斯的說法，他們沒有殺害嬰兒，半島電視台的記者要求以色列出示證據時，以色列軍方表示那是當地以色列官員的說法，目前無法證實。

美國總統拜登隨之也改口，他沒有看到哈瑪斯斬首兒童或嬰兒的照片，他根據的是部分媒體及以色列官員的公開言論。

可是以色列人已表示他們將以牙還牙，戰爭第二天，以色列對加薩地區發動了彈如雨下的報復性攻擊。

拜登認為：以色列當然有權做出回應，無須質疑，美國百分之百支持以色列。

在加薩，一名二十三歲年輕女生哭著說：她最怕的就是日落時刻，因為只要天一黑了，代表連環密集如雨般的飛彈攻擊就要來了。

她永遠不知道明天能不能再看到月亮。

加薩是全世界人口密度最高的區域之一，一塊小小狹窄的走廊，寬十公里、長四十一公里。這裡住著兩百萬人，他們都是以色列建國後違反國際公約，被搶奪土地、失去家園、侷促求生的巴勒斯坦人。

依照所有目前的國際公約，加薩走廊不是以色列的土地，可是他們卻長期侵略此地，派兵進駐於此，不定期地、沒有法律依據地搜索「恐怖分子」。

根據聯合國的統計，加薩走廊大多數是兒童，半數人口在十八歲以下。年紀大的，不是被以色列人打死了，就是已離開此地。

哈瑪斯目前仍然是加薩走廊主要的武裝力量，它是二十一世紀在巴勒斯坦因以色列、國際——尤其美國——毫無正義而崛起的激進組織。

在此之前，巴勒斯坦主要的領導人，是著名的諾貝爾和平獎得主阿拉法特。

一九七四年，巴勒斯坦解放組織領袖阿拉法特，代表四百萬巴勒斯坦人來到紐約，他放下手槍，走入聯合國，發表了我終生難忘的演說。

「今天，我來到這裡，一手拿著橄欖枝，一手拿著自由戰士的槍。不要讓橄欖枝從我手中滑落。我再說一遍：不要讓橄欖枝從我手中滑落。」

一九九三年八月二十日，巴勒斯坦解放組織主席阿拉法特、以色列總理拉賓在挪威首都奧斯陸祕密會面後，達成了歷史上最偉大的《奧斯陸和平協議》。

那一天，以色列的代表之一，外長裴瑞茲，當月正巧過七十歲生日；以色列仍是深夜，而挪威奧斯陸黎明晨曦已穿透迷霧，光射進會場每一個人的臉龐。當場眾人皆屏息，心中守著一份他們以為將成為未來歷史分水嶺的和平禮物。

巴勒斯坦解放組織的代表阿布．阿拉，笑著對以色列談判代表、時任以色列外長的裴瑞茲說：「這項協定是你的生日禮物。」

裴瑞茲在他的《新中東》一書中如此描述：「我的心思頓時回到兒居地、當時俄羅斯猶太社區維西尼瓦。二戰時曾被納粹占領，之後共黨崛起，維西尼瓦城裡，凡猶太人的一切，已蕩然無存。那裡已是荒野，是猶太人堅定自己『需要一個祖國』的痛苦記憶。」

裴瑞茲感恩當年父母的決定，帶著他離開傷心地，免於被毒死於瓦斯室、扔屍於亂葬崗。

但他也非常明白，以色列人的建國，正把他們的悲慘命運，轉嫁到巴勒斯坦人身上。

有的時候，人在不知不覺中，會變成敵人的模樣。

以色列即使沒有以集中營的方式對待巴勒斯坦人，但以色列建國當天，即代表一百萬巴勒斯坦難民的誕生。接下來就是不斷地蠶食他們的土地，殺害反對以色列的巴勒斯坦抗爭者。

一九九三年新中東和平協議中，以色列承認了巴勒斯坦自治政府。以色列軍隊同意自部分占領土地撤出，包括撤出加薩走廊。

兩年之後，參與和平談判的以色列總理拉賓被以色列激進分子暗殺，槍響共四聲。

之後激進派人士納坦雅胡以謊言捏造「新中東和平協議」，包括了十年後以色列必須逐步交出耶路撒冷，他因此謊言當選了總理，然後以各種卑鄙手段執政二十七年至今。

事實上，加薩從來不是聯合國許諾以色列的國土；而以色列，自那四聲槍響後，再也沒有真正重要的和平主義者。

這不只是巴勒斯坦人的悲哀，也是以色列整個國家的悲哀；更是此次以色列「千人死亡事件」的根源。

參與和平談判的巴勒斯坦領袖阿拉法特十一年後也死了。他只是因一些不太嚴重的疾病，於二〇〇四年在法國醫院治療時莫名死去。法國醫院宣布他心肌梗塞，但阿拉法特的遺孀為他留下了毛髮及衣物。阿拉法特的死因，一直被質疑。法國政府介入，不敢公布報告。直到二〇一三年，他死後九年，瑞士法醫依其衣物及骨頭提出報告，「阿拉法特在法國醫院死於放射性釙中毒」。

他是被活活毒死的；一個受盡苦難的民族英雄，他想放下仇恨，想向世界遞出橄欖枝的第三世界英雄。

巴勒斯坦人皆相信，以色列特工暗殺了阿拉法特。

他死後兩年，更激進的哈瑪斯崛起了。

這個世界終究並沒有選擇橄欖枝。

哈瑪斯在二〇〇七年依民選上台執政加薩走廊，以色列更是視加薩為敵對領土，十六年來封鎖加薩，控制著陸地、海洋和空中的所有通道，經常慘無人性斷糧；或因零星衝突事件，無差別攻擊平民，包括學校、醫院。

美國除了柯林頓總統支持奧斯陸和平計畫，其他總統包括歐巴馬從未譴責以色列。

如今，加薩的孩子們都明白他們逃不了，以色列的十萬精銳部隊隨時準備進入，在斷垣殘壁中勉強求生存，已是他們最好的答案。

下個月他們的頭在嗎？或者明天還在嗎？

他們的未來是什麼？

答案早已揭露，千年的深淵，千年的絕望。每個日出都是一口氣的殘喘。現實上他們盡量減少生活所需，以最少的物資過還有的每一個日子。

恐怖屠殺的命運即將來到，他們逃不出去，以色列對加薩實行更嚴格的陸海空三方封鎖，通往埃及的邊境已被關閉，藥物進出的據點、醫院皆被炸毀，活下去，只是伊斯蘭教義不可以自殺的另一個名詞。

聯合國在加薩的學校共收容了十七萬難民，至十月十日，戰爭第四天，聯合國一百七十棟大樓已被炸毀。

事實上，這場哈瑪斯的復仇行動，只有少數高級指揮官知道，連哈瑪斯許多政要都未被告知。

但以色列要兩百萬人——特別是一百萬十八歲以下的兒童——當祭品。

猶太著名的社會學家鮑曼（Zygmunt Bauman）曾經赤裸裸地指出：以色列人並不相信和平，他們更相信戰爭。

鮑曼也曾以猶太人身分回到以色列，當時他因為猶太人身分被趕出了波蘭。

被誰呢？波蘭的民族主義者。

回到以色列，人們又要求他變成一個以色列民族主義者，一個猶太民族主義者。

他說以色列尋求另一種民族主義來醫治他人種族主義的迫害，這是荒謬的、令人擔憂的。所有的以色列人，都犯了相同的錯誤。

「對於種族主義，唯一恰當的應對方式是努力讓它消失。」

待在以色列的時候，鮑曼曾於以色列的自由主義日報《國土報》（*Haaretz*）上發表了一篇文章，闡述他的看法。標題是〈為和平作準備是以色列的義務〉（It Is Israel's Duty to Prepare for Peace）。在這篇六〇年代後期發表的文章中，他預言以色列社會，以色列人的精神、意識、道德、倫理等必須發生根本的變化。這是需要見識和勇氣的。

那時西方還在慶祝以色列在一九六七年六日戰爭中取得的勝利：一個小國打敗了幾個強大的國家——「大衛打敗了歌利亞」。

鮑曼認為這世界上不存在什麼「人道占領」，以色列對巴勒斯坦領土的占領，和歷史上殖民帝國的侵略占領沒什麼區別。它是不道德的、殘酷的、不公正的。

被傷害的不只是被征服的人，占領者也受到了傷害。占領者在道德上使他們受貶，並且長遠來看還會削弱他們。

他進一步預言了以色列人的心靈和以色列統治階級的軍事化。「軍隊將統治國民，而不是反過來由國民統治軍隊。」

「大約八成的以色列公民只知道戰爭，戰爭就是他們的自然習性。我懷疑，多數以色列人並不想要和平，部分是因為他們已經忘記了怎樣在和平時期——在不能通過扔炸彈、炸房子來解決問題的時候——應對社會生活中湧現的問題。」

「以色列已經走上了絕路。」

「我真的看不到出路。我看不出有什麼解決辦法的原因很簡單，因為我是從社會學的角度來思考的。」

歷史學家始終認為相信戰爭的人們，不會有機會學習如何使用其他方案，尤其不涉及暴力的方案解決難題。

於是暴力在以色列許多人的血液中流淌。

於是暴力是他們的政府看待國家安全唯一的方式。

在以色列，和平的勢力被邊緣化了，無足輕重，甚至被暗殺了。尤其這場被稱為以色列的九一一事件後，和平主義者的影響力，更大幅降低。

以色列人在同仇敵愾中，忘記才幾個月前納坦雅胡有多混蛋，他們團結一致，殺紅了眼；他們再次為自己的族人悲傷，復仇。

和平，是投降的字眼。

去死吧！

於是我們聽到這邊一個女孩哭喊死去的媽媽；也聽到那邊一個媽媽抱著死去的女孩哭泣。

但以色列女孩的媽媽可能沒有意識到，正是她的祖國復國主義，間接殺了她的女兒。

於是以上帝之名，以加薩及以色列孩子們的血，二〇二三年這場暴力戰爭，只有一個人受益：那個曾經連續二十九週，讓百萬以色列人沉痛上街頭，民怨沸騰要貪污又干預司法滾蛋的納坦雅胡，如今成了團結以色列的大英雄。

千年深淵中，上帝若有知，也將垂淚。

22

死亡之吻

這場戰爭打輸了，我沒被逮著，我越過了邊界。

我必須把未來的生活丟在腦後，我沒有未來，我有過名字，但是算了吧，終有一天我也會成為屍體的數據之一。

屍體，不需要名字，只需要編號。

你們的勝利，如此全面。現在我只剩下一個關於我的紀錄，我媽媽編織的衣物，還在我的身上。

它，還沒有被子彈穿過。

我只是贏了一場幸運的賭局，我不會一直永遠幸運下去。

我抱著爸爸留給我的玩具，它已被炸毀的石塊壓扁了。我撿起壓扁的玩具，對它唱起我們的歌。

我們的歌沒有甜美的歌詞，但它仍有愛。甜美的事情早已和我們無關。

他們稱這是我們的命運。

因為，我們有個名字叫巴勒斯坦人。

如此沉重的名稱，如此割裂的名稱。

我需要活著嗎？繼續躲藏逃亡嗎？

我們生出來那一刻，就是死亡之神親吻的孩子。

所有的存活都是僥倖，但幸運不會一直跟著我。

沒有必要了。我既不需要活的真相，也不需要死的真相。

我已經找不到為我編織衣物母親的手臂，我害怕她來生變成沒有手的女人。

我不知道活的目的是什麼？

你們殺戮，全面的殺戮，我無法憎恨，因為這樣我就變成恐怖分子。

我們的故事用血寫下了，你們的故事以電影記錄了，有事實也有謊言。

你們擁有了世界，我們的歌沒有名字。

它不能傳誦，所以算了吧……我們都是一出生，即被死神親吻過的孩子。

我只想找到母親的手臂。我只能抱著被壓扁的玩具唱歌。

那是我最後的家人。僅有的。

二〇二三年十一月二日，加薩深夜，所有的外國記者皆被通知撤離至以色列邊境。

天黑了，以色列發動十月八日以來，報復十月七日哈瑪斯「恐攻事件」最大規模的轟炸。火箭如百發流星，在黑暗的天空中轉彎，流線形地掉下。一分鐘數百發，沒有一位記者來得及計算它的數量，轟炸的火箭一分鐘都不停歇，時間長達三十分鐘。

記者們站在黝黑中看著遠方閃爍的火箭，聲音不自覺地顫抖。這是一場史詩般的屠殺。根據美國退休陸軍中將馬克・赫特林評估，以色列射擊的火箭可以深入地底，摧毀隧道。

未來以色列士兵也不會進入隧道，「他們將繼續用這種規模的爆炸量轟炸，導致那些隧道塌陷，並困住躲在裡面的人」。

那地面上的人？或是隧道內的人質呢？

猶太老闆辦的報紙《紐約時報》形容：加薩的名字，就是一片只剩死亡與絕望之地。

火箭轟炸之前，以色列已經切斷所有的網路、電訊，當然還有斷電。火箭下的黑暗是什麼？

唯一留駐在北加薩的巴勒斯坦記者一家共十一人，全死了。駐守黎巴嫩靠加薩邊境的路透社記者，被以色列軍隊以GPS鎖定，打死了；在他身旁的半島電視台記者重傷。

以色列鎖定記者，就是不想讓世人看見「真相」。美國也不希望。對於搖著戰爭法、國際戰爭公約、人權正義的美國，這樣的屠殺，不可以有真相。

北加薩在火箭瘋狂攻擊後，大部分已夷為平地，只有石堆瓦礫。石礫堆下，若有殘存的呼吸聲，也只能一口一口地，慢慢呼氣，回憶一切，然後停下來，告別某個可笑的神為他們創造的地獄。

在此之前，以色列已經違反國際戰爭規則，兩度轟炸當地最大的賈巴利亞難民營。它位於加薩北部，以色列十月三十一日及十一月一日對加薩賈巴利亞難民營空襲，至少一百九十五名巴勒斯坦人死亡。《紐約時報》根據影片、衛星圖、軍事專家核實，以色列至少以兩枚兩千噸的炸彈，攻擊難民營。以色列的理由是：在上萬難民中，藏匿著一個——你沒有看錯——一個哈瑪斯高階軍官。

如果是為了報復十月七日音樂節的攻擊事件，以色列已經殺死當天執行任務的指揮官，以及哈瑪斯第二號人物。

以紐倫堡大審為例，當時希特勒已經自殺，國際法庭審判的是納粹領袖、指揮官，不可能審判或是殺死每一個納粹黨成員，或是每一個曾經支持納粹的德國人。

但以色列的復仇，已經遠遠超過任何法律容許的範圍，它的復仇已經是種族滅絕、是侵犯領土，是和希特勒只差一步之遙的大屠殺。

它也是繼納粹之後，人類歷史上第二個由國家發動，有計畫的屠殺。

以色列剛轟炸難民營尚未展開大規模轟炸前，北加薩還有一些醫院。加薩城北部的賈巴利亞難民營十一月一日連續遭受以色列空襲後，醫院治療活下來的受傷者，形同看著他們被酷刑而死。無國界醫生描述了在沒有基本物資或麻醉劑的情況下，醫生不得不進行手術的噩夢。孩子哀號、尖叫，甚至說出：讓我死、讓我死。

卡瑪阿德萬醫院（Kamal Adwan Hospital）兒科病房主任沙非亞（Hussam Abu Safyia）醫生，收治了賈巴利亞襲擊中許多傷者，他說大多數都是兒童，許多人嚴重燒傷，甚至失去四肢。

他們不只沒有人權，他們已經沒有人的模樣。半島電視台報導難民營現場的死者，有的沒有頭顱，有的只是肉塊，他們已經被炸成碎片。

十一月四日，人們以為前兩天的轟炸，已經是二十一世紀最大的屠殺……以色列再次宣布，「我們將進行比十一月二日更大規模的轟炸。」

「炸死所有的暴徒。」

他們指的不是自己。

以色列第二次瘋狂轟炸那一天，美國目前掌握主要外交大方向的中情局局長伯恩斯抵達以色列，他計畫前往中東地區其他國家，與各國國家領導人會面；目的是決定巴勒斯坦人的未來。

這句話，對臺灣人民多麼熟悉。巴勒斯坦人的未來，不是由巴勒斯坦人決定，而是由以色列、美國及若干阿拉伯國家交易決定。

他們的命運，不如一條街上的流浪狗。

也是那一天，聯合國各機構和官員罕見一致認為以色列占領加薩，包括對賈巴利亞等三大難民營的攻擊是大屠殺，它已構成戰爭罪，以色列必須停火。

那一天，美國有線電視網也改變只片面切割式的報導十月七日音樂祭的恐攻，CNN記者走入從北加薩逃入加薩中部的難民營，這些難民營皆隸屬於聯合國近東救濟工程處，收容了至少兩萬「人」。他們都是從北加薩逃難過來的難民，抵達時不只身心俱疲，糧食不足，每個人兩天只能吃一個罐頭，喝的水是當地含鹽分過高的地下水，或是鹹湖水。

過去它們不是給人飲用的水，而是行經的野生動物。

但世界上有多少人，覺得巴勒斯坦人足配享有人的權利？

美國著名期刊《外交政策》刊登一篇文章*：以色列的加薩行動，正進入道德深淵。以色列必須遵守規範戰爭的法律和公約。

另一篇†：巴拉克談以色列的下一步行動，這位以色列前陸軍參謀長兼總理表示，「我們可能會失去自由世界輿論的支持。」

德國《明鏡週刊》由於當年納粹的歷史背景，小心措詞地說：「中東衝突考驗戰後世界秩序，許多人認為美國和歐洲正在對以色列實行雙重標準。」

他們的措詞冷靜，批評了以色列，也提醒美國未來世界秩序及戰爭公約將難以維繫。但想像若希特勒追捕及屠殺猶太人時，批評者只是如許優雅措詞，「考驗德國在未來世界的支持」、「該國必須遵守戰爭的法律」；你會對他們的優雅鄙夷？還是讚許？

事實上大多數的人都在說謊。

早在十月十五日，美國媒體還在偏袒或是弱智無知地報導以色列在美國勸告及人質考量下將暫緩這場戰爭時，美國《外交事務》期刊已經刊登了以色列戰爭三部曲。

第一部曲就是我們現在見識的二十一世紀以來最大的轟炸；尚未完成的第二部曲是從邊緣步步包圍，切斷北加薩和南加薩，地面部隊及空軍，包括可目視穿越地層的無人機一起出動，比照二〇一四年加

---

* https://foreignpolicy.com/2023/11/02/israel-gaza-international-law-jabalia-refugee-camp/?tpcc=recirc_latest062921

† https://foreignpolicy.com/2023/11/01/ehud-barak-israel-hamas-war-netanyahu-hezbollah/

薩戰爭，從隧道口將火藥燃燒灌入整個隧道。這裡沒有人質的活命考量；第三部曲，至少一年，以色列將占領北加薩，永久消滅當地民選的哈瑪斯政府，加薩走廊的未來交給美國協調阿拉伯國家或是聯合國託管。

這三部曲，早已定下腳本。

接下來我們開始見識一場由最強大的國家、最有權力的一群人，共同演出的說謊比賽。

當十一月二日及十一月四日，以色列如屠殺的戰爭引發世界各地震怒時，美國國務卿布林肯偽裝臉色凝重，飛往以色列見納坦雅胡。他要求以色列暫時停火，被拒絕，理由是：停火有利於哈瑪斯。

接下來布林肯再飛約旦，換阿拉伯領袖要求停火，布林肯變成納坦雅胡的 Siri，他拒絕了，因為「停火有利於哈瑪斯」。

布林肯在約旦已經很明白告知約旦國王，以色列及美國將不會允許哈瑪斯存在；同時他們希望未來巴勒斯坦人離開北加薩，移居至約旦河西岸。

但那裡根本是以色列政府控制的地方，當地的巴勒斯坦人一直無端被以色列士兵或是人民殺害。而他們和哈瑪斯及恐攻完全無關。

由於這齣戲演得太拙劣了，於是十一月七日，美國白宮記者會上，NBC的大牌主播米切爾（Andrea Mitchell）質問白宮發言人柯比，美國被納坦雅胡當眾拒絕的反應是什麼？

柯比本來想打太極，「我們不要忘記一個月前以色列經歷的慘案，美國支持以色列打擊哈瑪斯的行動。」

米切爾立即打斷柯比：「柯比，我知道你想暗示什麼，我也看了十月哈瑪斯突襲以色列的影片，我是最不會忘記十月七日發生了什麼的人，但這不是我的問題。我的問題是，美國現在是否希望以色列不要在加薩中心的醫院附近使用地堡炸彈，以及你們是否建議以色列更精準追擊哈瑪斯，以色列是否可以任何方式做出停火人道的回應？」

柯比只好又說：「我們不會幫助以色列瞄準目標，我們沒有向以色列提供有關如何展開行動的建議。當以色列制定了目標清單，以及他們如何執行任務時，我們沒有坐在旁邊，這是他們的戰鬥。」

NBC招牌主播米切爾是美國猶太人，她的先生是前美聯準會主席格林斯潘。

米切爾雖然出色，但她沒有抓到柯比又在說謊。

柯比在白宮談話的同一天，另一邊的國務院同一天正在對以色列緊急提供更高階武器。

十一月七日，美國國務院緊急批准了向以色列出售價值三・二億美元的導引炸彈設備。《紐約時報》獲得美國國務院致國會的一封信，上面寫道：新式設備可將炸彈轉變為更精確的GPS導引彈藥。柯比否認的「我們不會幫助以色列瞄準目標」，完全是謊言。

這場戰爭納坦雅胡已表示將持續一年。但北加薩約一個臺北市大小，這種炸法，哪裡需時一年？

正確的翻譯是，以色列將長期占領巴勒斯坦人僅存的最後一塊土地的至少一半，並且盡可能消滅他們，不止哈瑪斯，包括平民、兒童、婦女。

聯合國在當地的和平工作人員，目前已有上百人死亡。聯合國主要機構和其他人道主義組織的領導人憤而表示，以色列對哈瑪斯的戰爭已導致「聯合國在單次衝突中死亡人數達到有史以來最高」，並呼籲「立即人道主義停火。」

他們在十一月五日發表聯合聲明，「受夠了，現在必須停止。」但有個神選之人的國家——以色列，覺得不夠。

在同一天正式宣告他們贏得重大勝利，他們已經成功將加薩一分為二，軍隊完全包圍加薩城。

以色列不只占領北加薩，它在美國撐腰下，完全不理會聯合國的呼籲，再持續對已經逃到加薩中部的馬加齊難民營發動空襲，再釀成至少三十八人死亡。

沒有理由。唯一的說法是他們懷疑哈瑪斯成員也混在裡面。至於是誰？多少哈瑪斯？以色列只以火箭回答。

加薩衛生部門報告：截至目前已有超過一萬二千名巴勒斯坦人死亡，二・五萬人受傷。

聯合國祕書長古特雷斯紅著眼睛說加薩成了孩童墳場，他得到的回應是以色列囂張地要他下台。

以色列和美國目前同時在進行戰爭第三部曲：想把巴勒斯坦人趕至約旦河西岸。布林肯來到此地，會見巴勒斯坦自治政府主席阿巴斯，但抗議者擠滿了拉馬拉街道。

過去幾週，約旦河西岸已有一千三百多名巴勒斯坦人被以色列逮捕，一百多人被安全部隊殺害。

而他們和哈瑪斯無關，和恐攻更無關。

美國總統拜登默不吭聲。他擔心的是他在五個關鍵搖擺州，目前全部輸給川普。

如今一切的殘酷，已經成為常態。每天加薩都會斷電，夜晚一片漆黑。唯一照亮天空的，不是星星、月亮，而是如流星雨般的火箭。

以色列又炸毀一間兒童醫院。

加薩走廊人道物資運輸太慢了。

埃及邊境的救護車也遭以色列攻擊，物資運送暫停。

以色列殺紅了眼，復仇之星成為他們的標誌；美國毫無正義，只有罪惡的幫凶角色，而所謂上帝只是死亡之吻的見證者。

戰爭進入第二部曲，更殘忍的地獄門即將打開。如火龍般的燃燒，將在這裡，當成以色列的祭品。

我們聽過古語：片甲不留。如今終於親眼見證。

克里姆林宮統計，俄烏戰爭打了一年八個多月，平民死亡數字「只有不到一萬人」，而以色列一個月就辦到了。普丁相對納坦雅胡，仁慈又顧全大局。

於是，國際戰爭法庭把普丁認定為戰爭犯，納坦雅胡完全不是，這成了笑話。

於是，我們知道華府尤其拜登，只是國際正義的編造者。

於是，加薩的一個媽媽，為自己塗上紅色的眉毛。那是她孩子的血。

在穿過響著的黑煙，炮彈如雷聲的夜晚後，她的孩子已離去。城市外還在嚎叫，復仇尚未結束。

她知道沒有人可以活下來，死去，只是時間早晚的事。

站在鏡子前，女人衣服上都是瓦礫的灰粉。她用方巾輕輕擦去兩行淚水，她用孩子深紅的血當顏料，描黑她的眉毛。

她安靜地等待下一個深夜，火箭再如雷雨注下，帶她離開這世間地獄。

〔作者簡介〕

陳文茜

曾經年輕，不認老去。曾經從政，瀟灑告別權力。曾經文藝，不耽溺文藝。

她的書寫包含世界財經、國際政治、小品散文、女性與愛情、生活感悟及哲學思辨。

人生橫跨學術、電視主持人、廣播主持人、作家、藝術策展人。曾授課臺灣大學財經系教授「小人物的國際政治」，在政治大學文學院擔任講座教授，在東海美術研究所教授「儀式美學」，在亞洲大學擔任講座教授。

李敖曾經笑她，除了沒唱歌仔戲什麼皆包辦。她回李敖：至少擔任過EMI唱片公司臺灣總經理，而且主持一檔「文茜的音樂故事」。

問文茜為什麼轉折如此多的人生，她的答案：我只有一生。問她為何活得和許多女人不同？她說：女人的責任就是悅己。成為公眾人物的她，只為自己打扮，不為他人眼光穿衣。

文茜的座右銘：**亂世中，老去時也要當佳人。**

PE 512

消失的愛：逆轉我們的時代

作者　陳文茜
主編　王育涵
行銷企畫　林欣梅
封面圖片提供　藝術家｜楊柏林
內頁排版　張靜怡
總編輯　胡金倫
董事長　趙政岷
出版者　時報文化出版企業股份有限公司
108019 臺北市和平西路三段 240 號 7 樓
發行專線｜ 02-2306-6842
讀者服務專線｜ 0800-231-705 ｜ 02-2304-7103
讀者服務傳真｜ 02-2302-7844
郵撥｜ 1934-4724 時報文化出版公司
信箱｜ 10899 臺北華江橋郵政第 99 信箱
時報悅讀網　www.readingtimes.com.tw
人文科學線臉書　http://www.facebook.com/humanities.science
法律顧問　理律法律事務所｜陳長文律師、李念祖律師
印刷　勁達印刷有限公司
初版一刷　2024 年 3 月 22 日
定價　新臺幣 480 元

ISBN 978-626-374-970-2（平裝）／ 978-626-396-047-3（精裝）
Printed in Taiwan

時報文化出版公司成立於一九七五年，並於一九九九年股票上櫃公開發行，於二〇〇八年脫離中時集團非屬旺中，以「尊重智慧與創意的文化事業」為信念。

消失的愛：逆轉我們的時代／陳文茜著．
-- 初版．-- 臺北市：時報文化出版企業股份有限公司，2024.3 ｜ 368 面；14.8×21 公分．
ISBN 978-626-374-970-2（平裝）／ 978-626-396-047-3（精裝）
1. CST：言論集｜ 078 ｜ 113001754